頭のいい子が育つ ロジカルシンキングの習慣

学習塾ロジム
苅野進　野村竜一

中経出版

はじめに

自立した社会人を育成する。

初等教育の究極の目標はここにあるといっても過言ではないでしょう。

では、自立した社会人に必要な要素とは何かという質問に対する答えは千差万別です。

実際に社会人として活躍している様々な大人たちの自負、そしてコンプレックスが反映されるからです。

学習塾ロジムは、経営コンサルタントとして働いていた人間がつくった学習塾です。

この塾では、生徒全員に「ロジカルシンキング」の授業を行なっています。

なぜ、ロジカルシンキングなのか。

それは、私がコンサルタントとして勤務し始めたころの上司の言葉に集約されます。

「我々のような若い部外者が話を聞いてもらうには、『事実』と『論理』を積み上げていくしかない」

日本社会では、確かにGNN（義理・人情・浪花節）で物事が進むことが少なくありません。

子供の教育もGNN力を大切にしようということに主眼が置かれてきました。

しかし、育った文化が違い、哲学も違う相手とのやりとりの増えてきた国際化の進む経済環境ではGNNの威力が弱まってしまうことは明らかです。

私はGNNを否定はしませんが、日本の社会人に「事実」と「論理」を積み上げて相手に物事を伝えていく力が足りないことは、コンサルタントとして社会人向けロジカルシンキング講座などを担当していくなかで強く実感してきました。

ですから学習塾ロジムの「ロジカルシンキング」講座は

・「事実」と「論理」を正しく積み上げる技術

日本社会ではGNNで物事が進む

・伝えるべき内容を正確に伝える技術を身につけることを目標として設計されています。

この国では子ども対象のロジカルシンキング教育は受け入れられないのではないかという意見もありました。

しかし、実際には多くの保護者の方がGNNの通用しにくい世界でも活躍できるようにとロジムを選択してくれています。

実際に社会人として活動されている保護者の方々も「ロジカルシンキング」の重要性を実感しているのでしょう。

10歳前後の子ども達に、「社会人として求められる能力を鍛えていこう」といっても興味を持ちにくいのはもちろんです。

教室では、四教科の学習や身近な題材と関連づけることで彼らの動機付けをすることにかなりの工夫を凝らしています。

本書のＰＡＲＴ２では授業の実況中継となっていますので、実際の教室内の雰囲気を感じ取っていただけると思います。

ロジカルシンキングは、普段触れ合う保護者の方々の気の使いようで伸びる部分が少なくありません。

本書が、子どもの成長を願う保護者の方々の指導の一助となることを願っています。

二〇一一年九月

苅野進

もくじ

頭のいい子が育つロジカルシンキングの習慣

PART 1 ロジカルシンキングで子どもは伸びる

第❶章 なぜ、子どもにロジカルシンキングを勧めるのか？

第❷章 ロジカルシンキングで伸びる力とは？

PART 2 ロジカルシンキング実況中継

第3章 話のつながりを意識するⅠ

第❹章 話のつながりを意識するII

第❺章 仮説を使って思考を進める

第❻章　モレなくダブりなく情報を整理する

本文デザイン　新田由起子（ムーブ）
本文イラスト　野村美都子

PART 1

ロジカルシンキングで子どもは伸びる

第❶章

なぜ、子どもにロジカルシンキングを勧めるのか？

① ロジカルシンキングは、社会に出たら必須《ひっす》の技術だ

社会人は試行錯誤しながら進んでいかなければならない

学習塾ロジムでは、小学1年生からロジカルシンキングの授業があります。「なぜ子どもにロジカルシンキングを教えているのですか?」と聞かれることがあります。

一般的かつ浅い言い方をすると、「社会に出たときのため」と考えています。

社会に出ると、「答えありき」ではなくて、**「現状から少しでもいいから進まなければいけない」**という事態によく直面します。

その場合、当てずっぽうで進む方向を決めるのでは信頼してもらえません。「ある程度の妥当性がある」というふうに認めてもらえるかたちで、試行錯誤しながら進ん

でいかなければいけません。

これは社会人としては非常に当たり前の考え方、動き方です。

今や大学を卒業して会社に入ってくる新社会人や初めて新しいことにチャレンジする中堅サラリーマンはそういう技術を身につけなくてはいけなくなっています。

ロジカルシンキングというのは、新しく答えを出すというよりも、そういう妥当性の中で進んでいく技術です。

これが世間一般でロジカルシンキングというものが必要だと思われている理由だと思います。

社会人は正確に読み書きし、正確に話さなければならない

- **相手の伝えたい内容を正確に読み取る**
- **自分の伝えたい内容を正確に伝える**

当たり前のようで、このことは実行することが難しいものです。

受け取った人によっては、違う内容に読み取れるような伝え方は、相手を混乱させ、ストレスを与えます。

また、逆に正確に読み取る能力がなければ、トラブルの原因になったり、だまされたりと不都合も生じます。

「A君の成績が上がらない原因はわかっています。宿題を今日も忘れていました。彼は忘れ物が多いです。水筒もよく忘れています。きちんとメモをとって確認する癖をつけないといけませんね。入試の日に筆記用具や受験票を忘れたら大変ですよ。予習の仕方に問題がありますね。例題を解くだけでなく、自己採点と解き直しまでしてください。復習もおろそかになっています。間違えた問題は3回は解き直してください。え、やってる？　では結構です。なんといっても合格のためには来週のテストが大事です。来週のテストの結果で本番での出来は大体わかります。ぜひ頑張ってください」

こんなお話をされたお母さんのメモには「宿題」と「来週テスト」ぐらいしか残っ

ていないでしょう。

お母さんに話すべきことと話しても意味のないことが混在していて、優先順位も非常にわかりにくいですね。

成績の上がらない原因とその解決策としてお母さんにやってもらいたいことを伝えるという目的を考えておらず、相手にも伝わりにくい話し方です。

これでは「A君の成績を上げる」という重要な目的は達成されず、「面談を行なった」という事実のみが残っただけです。

A高校の東大合格者数が前年度と比べて5倍になった！

これはA高校の指導力が高まったことを示しているのでしょうか。

Aさん「Bさんは、自分が悪いと言っています。」

Bさんは、「Bさん自身が悪い」と言っているのでしょうか、それとも「Aさんが悪い」と指摘しているのでしょうか。

「混乱・取り違いの可能性のある言い回しをしない」という姿勢と技術が身につくだけでこういった言い回しは格段に減り、逆に受け取った時にも瞬時にその問題点に気づくことができるようになるのです。

家庭、幼稚園から大学まで子ども達はかなり似通った環境で育ち、似通った価値観を持った人々に囲まれています。

そこで育まれた言葉の使い回しはかなり独特であることが少なくありません。

異なるバックグラウンドを持つ人々の間でも齟齬《そご》が少ない作法で発信すること。そして読み解くこと。

その技術は「ロジカルシンキング」の大きな柱となっています。

② ロジカルシンキングの落とし穴

ロジカルな人は嫌われる?

ところで、世の中でロジカルな人が、実はあまり好まれていない、あるいはちょっと滑稽《こっけい》に思われてしまっているという現実があります。

その大きな要因というのは、おそらくそこに血が通っていなくて、かたちを追うのに精いっぱいだからだと思います。

「結論から言っているんだから、私の主張とかしゃべり方はわかりやすいはずだ」

「はじめに言いたいことが3つあると言っているんだから、わかりやすいはずだ」

「このかたちで分析したんだから、世界標準の分析ができているはずだ」

ロジカルシンキングの教本にある話法を追うのに精いっぱいで、かつ、この話法で話しているんだから正しいと思いがちな人が少なくないのです。

かたちを追うことはできても、中身までは精査するまでに至らない、別の言葉でいえば自分のものになっていないのです。

ロジカルシンキングは、論理的に正しく展開された考えを、わかりやすく伝えるという両輪が大切です。

ビジネスの場や人とのコミュニケーションの場は、かたちが整っていれば伝わるかというと絶対にそんなことはありません。

中身があるものをわかりやすいかたちにすることに意味はあっても、中身がないもののかたちを整えたからといって、中身が充実するわけではありません。

「論理的」な話し方をしている人の落とし穴

「あの人は話し方が論理的だ」とか、「非常にきちっとしたしゃべり方をする」という印象を与える人がいます。しかしそうした人たちというのは、実は伝えたいことが伝わっていないことが多いのです。

それよりも、論理的であるから言いたいことがすっと入ってくるというほうが大事なのではないでしょうか。

つまり、論理的な形式を取っているというのは実はどうでもよくて、**相手に伝えたいことをなるべくストレスなく伝えることのほうが本来の目標**なのです。

それでもまだ歴史が浅いせいか、かたちが先にきてしまうことはあります。

だから、**しゃべっていることの背骨として論理があるけれども、特に目立ちはしないというところまで落とし込めるようになればいい**と思っています。

大人になってからロジカルシンキングを覚えた場合は、子どもの頃から日常生活の中で染みついたわけではないので、かたちのみになってしまうのが、滑稽になってしまっている大きな原因なのではないかと思います。

③

子どもだから学べるロジカルシンキング

型と経験がそろってはじめて有効になる

「その答えは間違っています。なぜなら、僕の計算によると◯◯だからです」

「それは理由にはならないだろ！」


「言いたいことは10個あって、……」

「多すぎです！」


教室ではこんなほほえましいやりとりが交わされたりしています。

授業で習った「型」を忠実に実行してくれているのですが、少しずれていますね。

教室の風景

こういったずれは、経験で補われていくものです。現実の問題に答えがないのと同じで、ツールであるロジカルシンキングにもこれで正解というマニュアルがあるわけではありません。**どんな場面でどう試行錯誤するのか。どう仮説を立てるのか。どう伝えるのか。**それは、**技術を頭で理解したあとに使っていく経験で身についていくもの**です。

子どもは失敗が許される貴重な時期

そしてこのことこそが、私が子どもにロジカルシンキングを教えることが有効だと考える理由です。

前節でお話したように、大人も子ども同じようにまず型を実行することに精一杯になってしまいます。

しかし、大人の場合子どものように滑稽になってしまっていることを指摘してはもらえません。

ひそかに「大したことない内容を偉そうに話すいやなヤツ」というレッテルを貼ら

れている人も少なくないでしょう。

子どもの世界ではそうなりません。教室では先生が指摘してくれます。子ども同士ではもっと直接的にケンカに発展したりします。

そういった**失敗を大目に見てもらえるのが子どもという時期**なのです。相手を傷つけてしまった。なぜか受け入れてもらえなかった。そういった感情的な部分と上手く折り合いを付ける術を身につけることができるのです。

これはコミュニケーションにとどまりません。身の回りの疑問に関して、仮説を立てて、実験をしてみる。そういう貴重な体験にコストがかからない時期なのです。**教科書に当たり前のように書いてある「AならばB」に疑問を持ち、実験し、そして失敗を繰り返す時間が山ほどある**のです。

④ ロジカルシンキングでテストの成績アップ！

暗記の限界をロジカルシンキングで破る

ロジカルシンキングの授業で学ぶ内容は、社会に出て役立つものであることはもちろんですが、小学生にとっても目前の課題、勉強にも大いに役立ちます。

学力の伸びはロジカルシンキングができるかどうかにかかっているといってもいいでしょう。

どんな子どもでも闇雲《やみくも》に暗記できる量には限りがあります。

暗記の限界を破るためには、論理に基づいた整理能力が必要になってきます。

限られた知識を組み合わせてその場で論理的に展開していく。

それこそが、一般的には「応用力」と言われているものなのです。

上位校からのメッセージ

（例題1）

3以上9999以下の奇数aでa×a－aが10000で割り切れるものをすべて求めよ。


（例題2）

実験1．集気びんAの中に火のついたろうろくを入れ、ふたをしておいたところ、しばらくして火は消えた。びんの内側はくもっていた。

実験2．実験1の直後、集気びんAの中に、再び火のついたろうろくを入れてふたをしたところ、ろうそくの火はすぐに消えた。

問：実験1、2の結果からわかることを2つ選びなさい。

（ア）ろうそくを燃やすために、酸素が使われた。
（イ）空気中には、ろうそくを燃やすはたらきのある気体がある。
（ウ）ろうそくを燃やした後の気体では、ろうそくを燃やすはたらきのある気体が減少している。
（エ）ろうそくの火が消えたのは、集気びんAの中に水ができたためである。
（オ）ろうそくが燃えた後には二酸化炭素が発生する。

〈例題1〉は東京大学の数学、〈例題2〉は桜蔭中学校の理科の入試問題です。いわゆる上位校と呼ばれるレベルの学校ではこのように必要となる知識は少なく、その運用能力が問われるタイプの問題が必ず出題されています。

一見簡単ですが、考える習慣のなくなっている子どもが増えている現状ではかなり差がついている問題です。

こういった問題を捨てて、暗記学習に走ってもぎりぎり合格は可能なのですが、学校が出題しているということから、こういった**論理的思考力を持った生徒に来てほしいと思っている**というメッセージはきちんと受け止めたいものです。

世界の中の日本の学力

「ＯＥＣＤ（経済協力開発機構）生徒の学習到達度調査」という国際的な学習到達度調査があります。

この調査は、数学・科学・読解の３分野に関する知識を実際に活用する能力を測定することを目指しています。従来の学力の範疇《はんちゅう》を超えた、社会人としての生きる力を測定しようという試みです。２００６年に発表された結果では、日本の順位がそれぞれの分野で急落したことが話題になりました。

たとえば次のような記述式の問題が出題されています。

> ある女性が書いた記事を見せて
> 問：この女性は、記事がフレンドリーで、かつ読者に行動を促すものであるようにしたいと考えていたそうです。それは成功していると思いますか？　あなたの考えを記事のレイアウトなどに具体的に言及しながら説明しなさい。

どんな対策が功を奏したのかは判断できませんが、順位はその後若干の回復傾向にあります。ただ、こういったロジカルシンキングを必要とする問題への対処能力を新しい学力としてとらえ、初等教育でどういった指導が行なわれるべきかについては、まだ具体的な動きは見られません。

文部科学省での議論がまとまり、教育の現場で新たな試みが始まるのに何年も待っていたのでは、我が子は機会を逃してしまう。そういった意識を持って私たちの塾を選んでくれた人も多いのかなという気がします。

教育＝受験勉強という風潮。

しかし、以前と比べて頭を使わなくても合格だけはできてしまう少子化の今。合格力＝十分な学力ではなくなっています。

合格のための勉強をしていれば安心というわけではありません。

暗記だけも合格できますが、それは学力をつけたことにはならないのです。

5 学力は学んだ知識の量ではなく、これから学んでいくための技術

テスト勉強では身につかない批判的な視点

学者になるわけではないほとんどの子どもにとって、中学受験勉強で学ぶ知識はそれ自体が目的ではありません。

膨大な問題に対して、仮説を立てて試行錯誤する力。

自分の長所短所を把握して、解決策を考える力。

それこそが中・高・大・社会人になっても生きてくる学力です。

試験慣れしている子たちは、「間違えてもいいから何でも言え」「何でも書け」と言います。

「間違っていてもいいから、何でもいいから書け。それで良ければ○でうれしいじゃん。×なら×でしょうがないじゃん」

そういう指導を、子どもたちは高校3年まで受け続けています。

しかし大学の数学の先生たちに話を聞くと、「数学者の世界で、**間違っていることを間違っているかもしれないとすら思わずに垂れ流すやつは信用できない**」と言います。

そういえば、社会人は、顧客に対して「間違えていたらごめんなさいね。そっちで判断してくださいね」なんて絶対言えないものです。

「この確率は80％です」と、きちんと注釈として付けておかないと信用をなくします。

だから、子どもたちには「**間違っている可能性があったら止まれ**」と指導しています。

「**自分は何ができていないか、何が間違えている可能性があるのかというのを考えて、**

当てずっぽうを卒業しよう

わからないから
鉛筆を転がして
決めよう

AとCは絶対違うから
B、Dのうち
どれかだから50%

びくびくしながら進みなさい」と。

ロジカルシンキングで非常に重要なことは、当てずっぽうを許さないことです。

だから、「自分の中で50％だと思うんだったら、50％という注釈を付けるという前提のもとに、50％のほうに突き進んでいいよ」ということです。

テスト勉強を利用したい「伝える力」

対策をすることで子ども論理的思考力を大きく伸ばすテスト問題もあります。

記述式の問題です。

> 原爆ドームが世界遺産に登録されたということは、どういう意味があると考えられますか。簡単に記しなさい。（開成中）

> 人々が自然と深く関わり、共同で生活していた縄文時代の社会のようすと比べながら、現代の社会の特徴を120字～160字以内で書きなさい。（麻布中）

・求められている自分の意見を簡潔に表明する

・そしてそう考えた理由を相手にもわかる論理で説明する

顔も知らない採点者にも伝わるような文章を作成する力を身につけるチャンスです。

苦手だから、取り組みたくないから記述式の問題が出ない学校を選ぶなんてもったいない。

先生・保護者の方とのやりとりでぜひ身につけてください。

また、こういった問題では、「どう書くか」に気持ちがいってしまいがちですが、実際は多くの生徒が「何を書けといわれているのか」を理解できていません。

右の麻布中の問題でも、「比べながら」という指示を守れていない解答が続出します。

「伝える力」はまず相手の要望を「聞く力」から。記述式のトレーニングは実はとても良い読解力養成になるのです。

「受験」を利用したい「計画する力」

「受験」はいわば期限が決まっている1つのプロジェクトです。

限られた時間の中で、相手(志望校)を知り、自分の長所と短所を把握し、効率的に対策を考え実行していく。その途中で何度も効果を検証し、修正していくのです。

この作業のポイントは、必ず「自分は何が得意で何が苦手なのか」を理解するプロセスがあることです。

これを理解できている生徒は、成績の伸びが圧倒的に違います。苦手なものに対峙したときに、集中力が一気に高まるのです。良い意味での「苦手意識」です。

ロジムでは、勉強が苦手な生徒には「自己分析シート」を書かせています。

最初はまったく書けません。

自分が何をやっていて、何を間違えたのかということに対する意識がないからです。

保護者の方が分析して計画を立てている姿をよく見かけますが、結局のところ本人が「今自分が苦手な分野を学んでいるんだ」という意識がなければ効果はないのです。与えられたプリントに何も言わずに取り組んでいる。そんな姿では学力向上はのぞめません。

⑥ ロジカルシンキングを伸ばす環境・親

面倒くさがらずに物わかりの悪い親を演じること

もし家庭が、子どもが早期にロジカルであることに慣れるのを望むのであれば、**大人との「良質な会話」**が必要だろうと思います。

ただ、子どもと論理的に筋の通った会話をするのは大変なことです。

「お母さん、牛乳」で通じてしまうところを、子どもが話を飛ばしたり、前提に思い切り依拠し何かを話しているときに、**「それはよくわからない」**と言える辛抱強さ、忍耐力は、保護者力のひとつだろうと思います。

「お母さん、牛乳！」

「はいはい」

家庭内でこういった会話に慣れてしまっている子どもは、確実に家の外でもそして大人になっても言葉足らずな発話を繰り返します。取り違いの可能性を指摘してあげてください。

われわれは生徒と会話の中で、そういう部分を逃さないということを、とても大事な教室外指導としています。

生徒「先生、この問題が……」
先生「問題がどうしたの？　解けたの？」
生徒「わかりません」
先生「問題の漢字が読めないの？」
生徒「違います。解説がわからないんです」
先生「解説の漢字が読めないの？」
生徒「解説の32×3＝96がわからないんです」
先生「この掛け算ができないの？」
生徒「違います。なぜ、この式で答えが求まるのかがわかりません」
先生「32×3の意味は知ってるんだ？」

生徒「32が3つです」
先生「この式の前までは何を求めているのかわかるのだね。では、この式に使われている32と3は何？」
生徒「32はクラスの人数で、3は……あ、わかりました！」

質問されたときによく見かける風景です。

他人に現状を詳しく伝えようとするプロセスの中で問題が解決してしまうということはよくあります。こういったやりとりの経験の中で、現状を分析し、問題の焦点を明らかにしていく姿勢が身につき、自分で解決する能力は高まっていきます。

最も多くの会話を交わす大人は保護者の方です。面倒かもしれませんが、一歩立ち止まって「わからずや」を演じてあげてください。

自分で決めさせ、反省させる

保護者の方の得る情報量も増えてきていて、「これをやるべき」というプランをお持ちの方も多いと思います。

子ども達は与えられた「カリキュラム」の上を一生懸命に走っているという状況です。

しかし、「何をやるのか」を自ら設計する能力はとても大切です。

また、失敗の経験の多さは、最初の計画が行き詰まったときの代替策の多さにつながります。


現在の目標を意識させて、自分で何をするかを決めさせる。失敗した時点で反省させ、修正案を考えさせる。

引っ張るのではなく、併走してあげることがいずれ一人旅を始める子どもたちの対応力・試行錯誤力を高めるのです。

PART 1
ロジカルシンキングで子どもは伸びる

第❷章

ロジカルシンキングで伸びる力とは？

①正確に話す・読む＝コミュニケーション力

ロジカルシンキング＝因果関係を意識すること

大人向けのロジカルシンキングでは、ロジカルシンキングの定義はあまり求められていないようです。

大人向けのロジカルシンキングの本を何十冊と読んでいますが、「ロジカルとは」の定義をきちんとしている本はほとんどないか、書いてあったとしても、たとえば「スピーディーに物事を筋道立てて考えること」とあり、何のことやらよくわかりません。

社会人のロジカルシンキングは、定義よりもそれをどう使うかというところが問題になるからでしょう。

そこで、とりあえずわれわれがオリジナルで出した結論は、**「ロジカルシンキングとは因果関係について強く意識を持つことだ」**ということです。

それを「因果関係」という言葉もわからない小学生に説明するときには、**「話の前後がしっかりつながっているように考え、そして伝える方法」**という説明をしています。

そのために**「AだからBだ」**という文脈を絶えずいろいろなところで意識させ、それがロジカルシンキングなのだという結論に達してもらうことをやっています。

「AだからBのつながりを強固に意識する考え方がロジカルシンキング」と、小学生向けには言い切っていいだろうというところです。

話をつくる課題

たとえばロジカルシンキングの授業では、話をつなげるという課題をよく出しています（☞66ページ）。

塾に来たばかりの子は、この話をつなげるということに関しては相当苦労をします。

お父さんやお母さん、友達との普段の会話は、暗黙の了解の中で話が通ってしまうコミュニケーションなので、慣れていないと因果関係が成立しません。

この授業でよく見られる失敗は、「話が飛ぶこと」と「前提を省略すること」です。前提を説明するというのは、彼らにとってめんどうくさい作業で、難しいのです。

講師が教室を回って「なんでこうなると、こうなるの？」ということを口頭で問いかけながら、「なるほど、ここが足りないんだ」と気づいてもらうようにしています。

大体、1学期間ぐらいはこの作業に苦労しますが、早い子で次の学期からだんだんお話づくりの雰囲気で楽しんでくれるようになってきます。

次第に余裕が出てくると、話の中に自分の好きな登場人物を入れてみてなかば強引につなげてくれたりもします。

「ロジカルであること」は先天的なものというイメージでとらえられているのですが、私たちが言いたいことは、ロジカルで話が伝わるかどうかは、慣れの占めるウエイトがとても大きいということです。スポーツのように訓練で上達するものだといえます。

それが、ロジカルシンキングを小さい頃からやっておくことの一つの理由であると思います。

ルールをわかって、つなげるという意識を持ってくれれば、確実に慣れでできるようになってしまうものだということは、誤解なくみなさんに知ってほしいところです。

もちろん教室に座って楽しくやっていたら魔法のようにロジカルになるかというと、そんなことはありません。

基本的な因果関係ということに関しては、時間をかけても向上しない子どももというのは、今のところ見たことはないですが、もちろん**慣れるまでに苦労はあります。**

最初は一文字も書けないという子もいます。

だから、**会話で状況を設定してあげる**という工夫をしています。

たとえば、

「太郎くんが宿題をやらずに学校に来てしまった。」

「だから太郎くんは花子さんにお礼を言った。」

という文をつなげるという問題があります。

これが全然書けない子には、太郎くんをその子の名前に置き換えて、花子さんも他の子の名前に置き換えて、ホワイトボードに絵を描いて、「どんなことがあったと思う？」などと口で言ってもらって「ではそれを書こうよ」というふうに、指導しています。

作文だって怖くない

われわれは**「ものを伝える」という中にある方法論として、ピラミッドで考える**ということに重きを置いています。

その一つの例が作文です。

ところで、「作文は最初に結論を言って……」というかたちを教えるというと、「画一的な作文になってつまらない」という意見が必ず来ます。

しかしわれわれ大人が見て「ああ、これは自由だな」という作文は、案外しっかりしたかたちになっているものです。

論理構成がしっかりしているかどうかと、われわれが自由だなと感じるところは違うのです。

たとえば俳句や短歌はかたちが決まっているからといって、内容がつまらないかというとそんなことはありません。

だから、論理構成がかちっとしていても、その子の持っている表現能力や語彙《ごい》の多さで自由かどうかを感じるところが大きいウエイトを占めているのです。

だから論理と自由さというのは水と油ではないのだというのが、やっていて感じるところです。

書く力＝読む力

伝わりやすい文章は、読み手にその内容の因果関係・構造が素直に伝わります。

そういった文章を書けるようになることは、文章の構造を常に意識できるようになることですから、読解力を高めることにもつながります。

私は、読む力の低下は書かせる作業が減っていることに確実に起因していると考えています。

与えられた読解問題を頑張る割に、「自由に書く」ことが大好きな国民性ですが、「伝わるように書く」ことのトレーニングに力を入れることにぜひ注目していただきたいと思っています。

ロジカルシンキングで質問が変わる

教科以外に、意外なところでは、**生徒が先生に質問に来るときの問いかけには歴然とした違い**が見えます。

週に1～2回、ロジカルシンキングの授業をやると、ロジカルシンキングが何かは伝わり切らないところはあると思うのですが、**「因果関係をしっかり示さないと話が通じない」**というぐらいのことは子どもたちに染み込むようです。生徒が質問をしてくるときに**「ここはこうだからこう思う」**というような話し方をして、因果関係がしっかりしているのが見てとれます。

実際、2年、3年と通っている子でも、ロジカルシンキングの授業で「ロジカルシンキングって何をやる勉強なんだっけ？」と聞くと、多くの生徒が答えられません。

小学生自身は「ロジカルかどうか」「ロジカルとは何か」というのは、意識していないし、できていないのかもしれませんが、成果物を見ると因果関係を意識する姿勢が確実に芽生えています。

小学生にロジカルシンキングを教える目的は、「論理的であること」「因果関係を重視すること」「AだからBであること」ということをスムーズに体で覚えてもらい、それを入試問題や作文、発表、勉強の間に先生に聞く質問に生かしてもらうことなのだと思っています。

② 妥当な実験をし、結果から学ぶ＝試行錯誤する力

主張を通すために必要な試行錯誤

ロジカルシンキングの教材に「マウンテンバイクを買ってもらおう」というものがあります。

身近な題材で論理的つまり相手に受け入れてもらえるような主張の仕方を考えるというものです。

この中で子どもたちは自分の意見（＝論理構成）のモレを確認することの大切さを学びます。

（例題）

ロジオくんは新しい自転車が欲しくて、お母さんにお願いしました。

ロジオくん「お母さん、新しい自転車を買ってよ」

お母さん「何で？　今の自転車があるじゃない？」

ロジオくん「いやなんだよ、買ってよ」

お母さん「何でよ。またわがままいって」

ロジオくん「みんな持ってるんだよ」

お母さん「持っていない子もいるでしょ。

他の子は特別、うちはうち。今のを大切にしなさい」

ロジオくんはマウンテンバイクを買ってはもらえませんでした。

あなたならどんなふうにお願いしますか。発表してください。

また、どのような反論が考えられるか、その反論にどう対抗するかといった仮説思考も身につけます。

一発勝負のテストとは違い、現実には「主張してだめなら終わり」ではありません。主張をして反応を見たり、実際に主張する前に仮説実験をしてみたり。まさに試行錯誤しながら進んでいく力を身につけるのです。

算数の難問で必要な試行錯誤

上手に試行錯誤する力は、難関校の算数などでは特に求められるものです。

(例題)
20名のあるクラスで次のような方法で席替えを行ないました。
① くじで2人1組のペアを10組つくる
② そのペアになった2人の間で席を入れ替える

③ ①と②をもう一度くり返す

（1）席替えをした後も席替えをする前と同じ席に座っている生徒が11名になることはありえません。その理由を答えなさい。

（2）席替えをした後も席替えをする前と同じ席に座っている生徒の人数として考えられるものをすべて答えなさい。

（栄光学園中）

この問題を「あ、◯◯算だ！」などと瞬時に解答できる受験生はいないでしょう。**与えられたルールに従って、まずは実験をしてみる**ことになります。上手な生徒は、まず10人で考えたりします。

（2）で「すべて」と指示があるのは、実験の中であるルールを見つければ簡単に「すべて」を列挙することが可能だからです。

社会人になれば、答えがわかっている問題にわざわざ取り組むことなどありません。

答えがわかっていない問題に取り組むときには、実験と検証から次の一歩を決めていくというプロセスを取ることになります。

意外なほどにこのプロセスに馴染めない新社会人の多さを目にしていると試行錯誤する習慣を子どものうちから身につけておくことの重要性を強く感じます。

PART 2
ロジカルシンキング実況中継

第③章

話のつながりを意識するⅠ

つながりに気をつけて
人に伝わる発信をする

①ロジカルシンキングって何だろう？

ロジカルシンキングって食べられる？

先　生「みなさん、こんにちは。ところで、この授業って何ていう授業でしたっけ」
公太くん「ロジカルシンキング！」
先　生「じゃあ、ロジカルシンキング食べたことある人？」
真菜さん「えー、食べ物じゃないよ」
先　生「じゃあ、ロジカルシンキング見たことある人？」
遥くん「うん？　見るものじゃないよね……」
先　生「そのとおりですね、食べるものでも、見るもので

「お母さん牛乳！」で言いたいことが伝わってしまう、そして要求が満たされる世界で育った小学生が、社会に出て最初にあたる壁が「自分の要求が通らない」というものではないでしょうか。これまで、この壁を乗り越える方法は、学校でも家庭でも教えられてきませんでした。それはそうです、そんな「壁」などがほとんど存在しない世界が「学校」であり「家庭」なのですから。

この授業では、ロジカルシンキングの根本である「因果関係を重視するということ」を通して強いメッセージをつくる方法を学びます。

も、ましてや戦う相手でもありませんね」

「ロジカル」を辞書でひくと……

先　生「それでは『ロジカルシンキング』ってそもそも何でしたっけ？　誰か説明できる人いませんか？」

公太くん「……」

先　生「何でしたっけ。先学期から勉強してるよね？　ロジカルシンキング」

公太くん「うーん、よく考えること？」

先　生「『シンキング』は確かに考えることですね。では『ロジカル』って何でしたっけ？」

真菜さん「論理的？　だっけ？」

先　生「確かにロジカルという言葉を辞書で調べるとよく『論理的』と書いてありますね」

> 通い始めの生徒の多くはロジカルシンキングがいったい何であるのか、もちろんわかってはいません。ロジムに数学期通った生徒でもロジカルシンキングが何かを説明できる生徒は多くはいません。
>
> 教室では、小学生がロジカルシンキングを学習していることを意識せずにロジカルになることを理想としていますが、毎学期初回の授業では例外的に「ロジカルシンキングとは何か」を上のような形式で導入します。

公太くん「論理的思考力ってたしかロジムのホームページに書いてあった」

遥くん「お母さんが言ってた。ロジカルシンキングって論理的思考だよって」

先　生「そうですね。では「論理的」って何でしょう？」

真菜さん「何だろう。理由をつけること？」

先　生「なるほどね。『理由』はすごく大事な要素ですね。さすが先学期から頑張っていますね。何となくもうわかってますね。それではここで『論理』とは何かを辞書を使って調べてみましょうか。『考えや議論などを進めていく筋道。思考や論証の組み立て。思考の妥当性が保証される法則や形式。』ですって……」

公太くん「何のことやら全然わかりません」

先　生「そりゃそうですよね。これでは先生もよくわか

多くの書籍の中で、そもそもロジカルシンキングとは何かが定義づけされていません。

大人の世界では「ロジカルシンキングとは何ぞや」という話よりも、それを用いたプレゼンテーションや戦略策定など、いわば使い道が重要となります。日々日常業務の中で使うことを要求されるため、「ロジカルとは何か」を知ることよりも、「一般にロジカルとみなされる様式」を身につけることに力点が置かれがちです。社会人向けのロジカルシンキング

りません。

それでは、今度は『論理』を和英辞書で調べてみますか。

『論理』を英語にすると、『logic（ロジック）』と書いてあります。論理的は『logical（ロジカル）』。

さて、わかりましたか？」

遥くん 「ロジカルの意味が論理的で、論理的の意味がロジカルで、ロジカルの意味が論理的で……。わかりません、先生」

先　生 「ですよね。これではわかりませんよね。要は大人たちもよくわかってないのです」

書籍のほとんどは「MECE」や「仮説思考」というような言葉から始まるのもこのためです。そもそもロジカルシンキングがどういったものであるかは重視されません。

そして、子どもの世界ではロジカルであることを必要とされる場所が多くないことから、そもそもロジカルシンキングとは何かを考える機会自体が設けられていないという実情があります。

簡単にいえば、大人は意味を考えている場合ではなく、子どもは意味を考える機会が少なすぎるため、ロジカルシンキングの定義はあいまいなまま放っておかれています。

「話のつながり」に注意しよう

先生「このクラスではロジカルシンキングとは何かを次のように説明することにしました」

“話のつながりに注意して、考え、書き、話すこと”

「これだけではまだわかりにくいかもしれませんね。次の文章を見てください。ロジカルではない文章を3つ見せます」

①かさを持ってきました。雨がふっている。
②かさを持ってきました。だから、雨がふっています。
③雨がふってきました。だから、大きなたんこぶができてしまいました。

公太くん「なんかおかしい。いや、だいぶおかしいよ」

先　生「どこがおかしい？　どうすればいい？」

遥くん「①は何だかいいかげんな感じがする。ていねいではないっていうのかな、そのせいで何がいいたいのかよくわからない。

②は『かさを持ってきたから、雨がふってきた。』って変だと思うよ。『雨がふってきから、かさを持ってきました。』なら通じると思う」

公太くん「②は『だから』の前と後ろが反対なんだよ」

真菜さん「②は『だから』を『なぜなら』に変えても通じ

①は「だから」などの接続表現（つなぎ言葉）が使われていないため、「かさを持ってきたこと」と「雨がふっている」ことの関係性（因果関係）が相手に伝えられていません。

②では「原因⇒結果」という因果関係の存在を示す「だから」の前後が逆になっています。「だから」の前後を逆にするか、上で真菜さんが言うように結果を原因が後ろから説明する「な

るようになるよね。文の最後を『から』にして」

公太くん　「③はよくわからないけど、つながってないよ。何で雨がふってくると、たんこぶできるの」

先　生　「なるほど。さすがだね。そのとおりです。そして今言ってくれた『つながっていない』というのがとても大切なことです。この3つはつながりがうまくつくれないことで、話が通じにくくなっているのです」

「もう一度、言いますね。**ロジカルであるとは、話のつながりをきちんとつくろうとすること**です。話のつながりをきちんとつくることで、話がきちんと相手に伝わるようになります。みなさんはいったん、これがロジカルシンキングだと思ってください」

ぜなら」を使うことで文章が通じるようになります。

③「だから」の前後に「因果関係の飛び」があります。雨がふることと、たんこぶができたことをつなぐ説明がないと文意が伝わりません。

②

「つなぎ言葉」でつながりをつくる

「だから」を使えばロジカルシンキング!?

公太くん 「じゃあ、ロジカルシンキングって『だから』とかをちゃんと使うことですか？」

先　生 「もちろんそれだけではないけれど、つなぎ言葉を正しく使うことは、人に言いたいことを伝えるのにとても大切なことだよ。

発表でも、作文でも、入試問題でも、お父さんお母さんにゲームを買ってもらうのだって、話が通じなくてはいけないのはわかるよね？」

小学生がロジカルシンキングを学習する際、大事なのは頭で理解する以上に、「体で覚える」ことです。正確には、体ではなく「耳」や「感覚」というべきかもしれません。日常生活に即した多くの例文から「通じる」のはどんな時なのか、「通じない」のはどんな時なのかを体に染み込ませていく経験です。

ロジカルとは何かを教えるとき、できるだけ多くのロジカルな例と、それと同時にロジカルではない例を示すことが理解を早めることにつながります。

つなぎ言葉を使う練習

先　生　「こんな練習もやってみましょう」

次の①～⑤に入るつなぎ言葉を考え、そう考えた理由を説明しなさい。

水がきれいなさんごしょうの広がる海は、魚たちのすみやすい場所のように思えるでしょう。【①　　　】、実はそうでもないのです。【②　　　】水がすきとおっているということは、水中にごみも少ないかわり、魚たちのえさも少ないからです。【③　　　】、敵《てき》にもおそわれやすくなります。

【④　　　】そういうところでは、魚をはじめ他の動

解答例

①しかし
②なぜなら
③また／さらに／しかも
④だから
⑤では

物たちもきっと、生きるためのいろいろな工夫をしているにちがいありません。【⑤　　　】、どのような工夫をしているのでしょうか。

（　　　）の中に文章を書き入れなさい。

1. 今日は学校を早退《そうたい》した。だから（　　　）。
2. 今日は学校を早退した。また（　　　）。
3. 今日は学校を早退した。しかし（　　　）。
4. 今日は学校を早退した。なぜなら（　　　）。
5. 今日は学校を早退した。さらに（　　　）。

あえてつなぎ言葉前の文章を同じにすることで、つなぎ言葉によってつくり出される文章の意味の違いや、文章の方向転換を実感しやすくします。

③「お話づくり」でつながりをつくる

「だから」の後ろを変えてつながりをつくる

先　生「さきほどの、『③雨がふってきました。だから、大きなたんこぶができてしまいました。』は、つながっていなくて文の意味がわからないと言いましたね。では、どうすればいいと思いますか?」

遥くん「『だから』の後ろの『大きなたんこぶができてしまいました。』を変えればいいんじゃないかな」

つなぎ言葉の役割は話のつながりをつくることです。話のつながりをつくることは、すなわちロジカルであると考えて、教室では国語の授業とも連動させた上でつなぎ言葉を厳密に、そして時間をかけて学習します。

「雨がふってきた。(　　　　)いそいで家に帰った。」

というような単純な穴埋めばかりではなく、

「『だから』の使い方を説明しなさい」
「空欄につなぎ言葉を入れ、そのつなぎ言葉を選んだ理由を説明しなさい。」

というやり方で、徹底的にそれぞれのつなぎ言葉の機能を理解します。

先　生　「どういうふうに変えればいい？」

遥くん　「たとえば、雨がふってきたのだからそれにつながるようにすればよいと思う」

③雨がふってきました。だから、大きなたんこぶができてしまいました。

←

③雨がふってきました。だから、かさを持ってきました。

「だから」の前を変えてつながりをつくる

先　生　「つながりについてよくわかってきましたね。
そのとおり。『雨がふってきました。』からつながるようにすればいいですね。

他に何か方法はないかな？」

真菜さん「『雨がふってきました。』を変えればいいんじゃないかな。『走っていたらジャングルジムに頭をぶつけました。』とか」

③雨がふってきました。だから大きなたんこぶができてしまいました。

←

③走っていたらジャングルジムに頭をぶつけました。だからたんこぶができてしまいました。

話の「飛び」により因果関係が伝わらない。これは、小学生の作文や発表でよく見られる問題です。

前提と結果の因果関係にさほど意識を払わなくても大きな問題は起こらない環境に普段からいるのですから、小学生の作文に「飛び」が起きやすいのはしかたのないことかもしれません。

そもそも小学生同士の日常会話の中で、隠された前提を過不足なく説明しようとしていたらそれはそれは冗長な会話になってしまい、また会話はどうしても説明的になってしまい場合によっては会話の相手からうとましく思われてしまいかねません。

ロジカルな人間＝理屈っぽいというイメージもおそらく何でもかんでも前提をくまなく説明しようとしてしまう人から生まれたものでしょう。

話をつけくわえて、つながりをつくる

先　生「本当によくわかってきましたね。
では、『雨がふってきました。』も『大きなたんこぶができてしまいました。』もどちらも変えてはいけないとしたらどうしますか？」

公太くん「話をつけくわえていいの？」

先　生「どうぞどうぞ」

真菜さん「たんこぶができた理由をつけくわえたらどうかな」

先　生「たとえば？」

真菜さん「『雨がふってきました。目の前の木に頭をぶつけてしまいました。

大切なのは、いざという時に相手にメッセージを正しく伝えられることです。

発表をする時、作文をする時、スピーチをする時、自分の主張をどうしても通す必要が発生した時、あまり多くはないと思われる「いざという時」にロジカルであるためには、やはり普段から意識して訓練することが必要です。「いざロジカル」にならなくてはいけない時にロジカルになれる、ロジカルのオン・オフのコントロールが大切です。これができるということも本当の意味でロジカルであるということなのだと思います。

だから大きなたんこぶができてしまいました。』でどうだろう」

先　生　「すごいね。さっきよりもずっと話がつながって感じます」

「え？　なんで？」を減らそう

先　生　「ただ、『雨がふってきました。』と、『目の前の木に頭をぶつけてしまいました。』のつながりに「なんで？」って思ってしまいます。先生や、君らの頭にふと浮かぶ『え？　なんで？』は、話がつながっていないことを教えてくれる絶好のサインなのです」

真菜さん　「では、これでどう？」

雨がふってきました。かさを持っていなかったので急いで帰ろうとしたらぬれた地面ですべってころんでしまいました。だから大きなたんこぶができてしまいました。

先生 「なるほど。すごくよくつながっていると思います。それなら『え？ なんで？』と思う人が少ないのではないでしょうか。話がつながっている状態をつくり、『え？ なんで？』と思う人をできるかぎり減らす、これがロジカルシンキングだと考えておいてください」

つながりをつくる練習

先生　「それでは練習をしてみましょうか。つぎの文章を『つながっている文章』にするために『だから』の前に作文をしてみてください」

明日は、1年に1回しかない学力テストの日だ。
（　　　　　　　　　　　　　　　　　　　）
だから、私は区役所のまわりを長時間かけて散歩した。

太郎《たろう》くんは、宿題をやらずに学校に来てしまった。
（　　　　　　　　　　　　　　　　　　　）
だから、花子さんは次郎《じろう》くんにハンカチを貸《か》してあげた。

生徒の解答例

学力テストは今回春にさく花について多く出題されるはずだ。区役所のまわりには多くの春の植物がさいていたはずだ。

生徒の解答例

太郎くんはいそいで宿題をやろうとあわてたため、花びんをたおしてしまい、次郎くんのノートがぬれてしまった。それなのに太郎くんはあせるあまり次郎くんのノートがぬれたのにもまったく気づかない。

彼女《かのじょ》は私《わたし》に「元気でね。また会えるよね。」と声をかけた。
（　　　　　　　　　　　　　　　　）
だから、私は怒《いか》りにふるえた。

生徒の解答例

彼女は、私が転校することを喜んでいるということを私は知っていた。しかも彼女の顔には笑顔がうかんでいた。

これらの練習は、小学生に「ロジカルとは何か」を伝えるためのものです。

教科書的、辞書的にロジカルとは何かを伝えるのではなく、「話をつなげる」という作文の作業してもらうことで小学生が手と頭で「ロジカルとはどういう状態なのか」「ロジカルといわれる状態になるとどういうことがおきるのか」を経験します。

ここでは、「つながり」を意識することで話がわかりやすくなることを体験することを目的としています。そのため、たとえば、「A=B、B=C」ならば「A=C」といった厳密な因果関係を導く必要はありません。まずはロジカルな文章というのが、つながり感のある文章だということを体得することが重要です。

ロジカルシンキングとは、AだからBという因果関係の納得度合いを上げることだということもできます。小学生に対しては「なるほどレベル」を上げることだと説明しています。

きみは明日かさを持ってこないとひどい目にあう。

という文章よりも

明日は天気予報が雨の中、一日中、いろいろな場所を歩きまわらなくてはいけないので、きみは明日かさを持ってこないとひどい目にあう。

という文章のほうが「ロジカル」です。

また、ロジカルとは何か、を理解すると同時に、それ以上にロジカルであることがどのように役に立つか（役に立ちそうか）を体感することが「小学生からのロジカルシンキング」の第一歩です。

当面小学生にとってロジカルであることの利得は、話が通じて自分の主張が通りやすくなることや、文章読解の際につながりを意識することで作者の考えが頭に入りやすくなることや、また、自分の記述答案がわかりやすくなり減点されないことなどでしょう。

PART 2
ロジカルシンキング
実況中継

第④章

話のつながりを意識するⅡ

“前提”について考える

①「前提」って何だろう?

「前提」と「結論」を知ろう

先　生　「まず、これから授業を進めるために2つほど難しい言葉を覚えてもらいます。

1つは『前提』という言葉、2つ目は『結論』という言葉です」

遥くん　「結論は聞いたことがあります。『言いたいこと』とかですよね?」

先　生　「そうですね。『結論』を辞書で引いてみると、

【結論】考えたり論じたりして最終的な判断をまとめること。また、その内容。

と出ています。また、『前提』を辞書で引いてみると、

【前提】ある物事が成り立つための、前置きとなる条件。

と書かれています。
わかりましたか？」

公太くん「よくわかりません」

「結論」とは「結局何が言いたいのか」をさしている

先　生「そうですよね、よくわかりませんよね。
わかりやすい例を出しましょう。

①雨がふってきたならば、かさを持っていく。

②たくさん勉強をした。だから成績《せいせき》が上がった。

①の例だと、結論は『かさを持っていく』になります。②の例だと、「成績が上がった」が結論となります。結論は、『結局何が言いたいのか』の部分だと思ってください」

「前提」とは「決まっていること／決めたこと」

先生　「そして、①の文の前提は、『雨がふってきた』、下の文の前提は『たくさん勉強をした』となります。

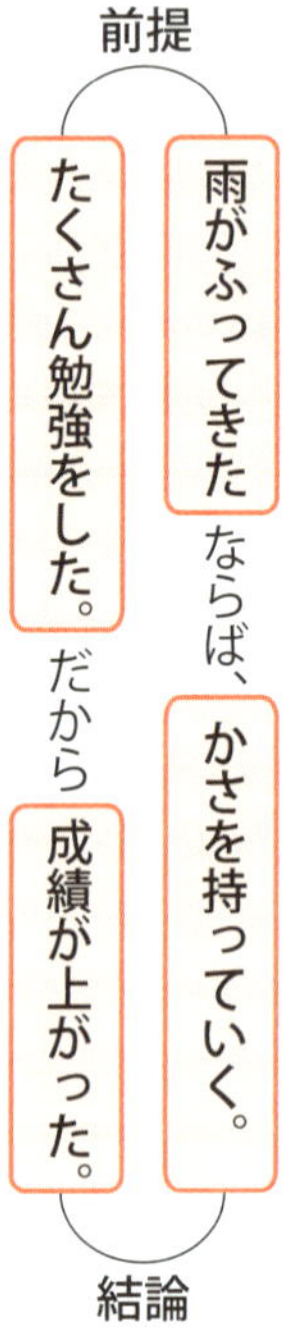

この『前提』という言葉は聞いたことがない人も多いでしょう。結論をいうための条件、結論をいうための『とりあえず決まっていること／決めたこと』だと考えてください。

前提の内容によっては結論が変わってきます」

公太くん「『雨がふるなら、かさを持っていこう』は、『雨がふる』が前提で、『かさを持っていく』が結論でいいですか？」

先　生「そのとおりです。

前提と結論がどんなものか何となくわかったところで、次にいきましょう」

前提を足し算して結論を出す方法

先　生「次の話は前提2つが組み合わさり、結論がつくられているのがわかりますか？」

前提①：カブトムシは昆虫《こんちゅう》です。
前提②：昆虫は足が6本ある。
結論：カブトムシは足が6本ある。

前提①：今日は天気がいい。
前提②：先生は天気がいい日は機嫌《きげん》がいい。
結論：先生は今日、機嫌がいい。

遥くん「ああ、わかってきた。そういうことだね。前提①と前提②の足し算をしているようなものだね」

先　生「そのとおりです。前提①と前提②を組み合わせていますね。前提①がなくなっても、前提②がなくなっても結論がいえないことはわかりますか？」

真菜さん「わかる」

先　生「図にするともっとわかりやすくなりますね」

「前提」の意識を持つのは小学生、特に低学年の生徒にとっては大きな壁となります。前提を前提として〝納得〟し、結論を考えられるようになると、「ロジカルシンキング」の世界では大きな一歩を踏み出したといってもよいと思います。

たとえば　次のような題材があるとします。

問題

前提①と前提②を組み合わせて言える結論を考えなさい。

①野球のテレビ中継《ちゅうけい》を見ている人は、絶対にサッカーのテレビ中継を見る。

②サッカーのテレビ中継を見る人は、絶対に相撲《すもう》のテレビ中継も見る。

ということは、＿＿＿＿＿＿。

解答例：

「野球のテレビ中継を見ている人は、相撲のテレビ中継も見る」

こうなるのは上の図からもわかります。

しかし、前提部分でつまずいてしまい正しく結論を考えられないという生徒がいます。

上の例ですと、

「野球中継を見ている人は、絶対サッカーの中継を見るなんてそんなわけない。少なくともボクは違うし、絶対なんてありえない」

といった具合です。ここでつまずいてしまうと前提を組み合わせて結論をつくるどころではありません。

前提を前提としてとらえ、その積み重ねから結論を導くという作業では、その作業にある程度慣れた大人と、そうでない小学生ではつまずく場所が違います。小学生はそもそも前提を前提としてとらえるという部分でつまずくのです。小学生たちには粘り強く前提という概念を知ってもらう必要があります。

身近な例を用いて、

先生「きみは家に帰ると必ずテレビをつけるとしよう」
生徒「え、しないよ」
先生「うん、じゃあ、本当はしないけど、つけることにしよう。必ずつけるんだよ」
生徒「う、うん」
先生「では、君はもうすぐ家に帰ります。帰ったら何する？」
先生「え、ええと、ほんとはしないけど、テレビをつける」
先生「そうだよね。家に帰ると必ずテレビをつけることにしたんだから、そうだよね」

といった会話を使い、「だとしたら」という仮定を含む前提に少しずつ慣れていきます。

前提という概念に慣れてきたら、序々に事実と反することをあえて前提として置き、前提の組み合わせから結論をつくるというのも子どもに「論理」を考えてもらうのに有効な練習です。

たとえば、

> このカレーは辛い。太郎くんは辛いものが好き。だから、太郎くんはこのカレーが好き。

という例文では、論理性の学習以前に日常の感覚で納得できてしまいます。

しかし、この例文の後にあえて

> このワサビは甘い。太郎くんは甘いモノが好き。だから、太郎くんはこのワサビが好き。

という例文を紹介することで、初めて「考えるかたち」としての論理展開を理解します。一般常識をあえて排して、純粋にAはBだという文章の構造に目を向ける練習です。

ロジカルシンキングの分野において小学校低学年から中学年への進級要素はまさにこの「前提を前提としてとらえ論理展開を考えることができるかどうか」だと言えるでしょう。

② 抜けている前提を探す

結論を言うためには
なにが必要か考える

先　生　「では次に前提の一つを空欄にしますので、そこにどういった前提が入れば次の結論がつくれるか考えてみましょう」

前提①：自分で光っている星を「恒星《こうせい》」といいます。
前提②：＿＿＿＿＿＿＿＿
結論：太陽は恒星の1つです。

遥くん　「太陽が恒星だということの前提をつくればいいのですよね？」
公太くん　「『太陽は恒星です』ではだめ？」

先　生「それだと、前提②と結論が一緒になってしまいますよね。たとえば、『今日は雨だ。ですから今日は雨だ。』といっているのと同じですよね」

公太くん「たしかにそれはおかしい。前提をいう必要がない」

先　生「太陽が恒星だというためには、どんなことが必要だと思う？」

公太くん「恒星って何でしたっけ？」

先　生「前提①をよく見てください。恒星は自分で光っている星ですよ」

真菜さん「あ、わかった。太陽が自分で光っていれば、それが恒星ということになるのだから、結論の『太陽は恒星です』といえるはず」

先　生「わかってきましたね。前提②には、『太陽は自分で光っている』と入ればいいわけです」

前提①：自分で光っている星を「恒星」といいます。
前提②：太陽は自分で光っています。
結論：太陽は恒星の1つです。

〈前提①を表す関係図〉

〈前提①と前提②を合わせた関係図〉

〈前提②を表す関係図〉

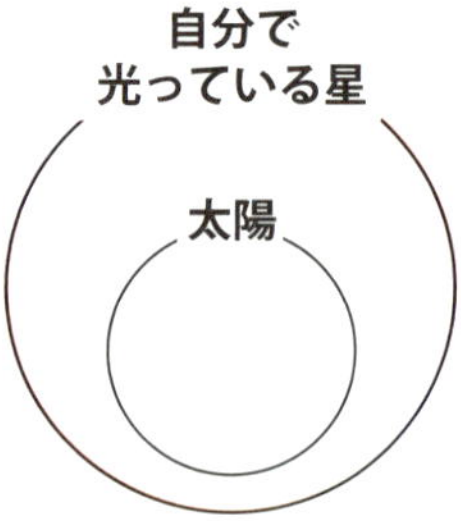

「前提」と「結論」を関連づける練習

先生　「それではいくつか練習をしてみましょう。前提を組み合わせて結論をつくったり、足りない前提を考えてみましょう」

前提①・②から考えられる結論をつくりなさい。

練習1

前提①：鳥は空を飛ぶ。

前提②：スズメは鳥だ。

結論：（　　　）

練習2

前提①：ロジオくんは千葉《ちば》に住んでいる。

前提②：千葉は日本の都道府県の一つだ。

解答例

練習1：スズメは空を飛ぶ。

解答例

練習2：ロジオくんは日本に住んでいる。

結論：（　　　　　　　　　　　　　　　　　　　　　　）

次の結論をつくるために必要な前提をつくりなさい。

練習3

前提①：太郎くんは算数のテストで1位だった。

前提②：（　　　　　　　　　　　　　　　　　　　　　　）

結論：太郎くんは来週のテストは受けなくてもよい。

練習4

前提①：エンドウは花が1枚ずつ離《はな》れている離弁花《りべんか》というグループのひとつだ。

前提②：（　　　　　　　　　　　　　　　　　　　　　　）

結論：エンドウは双子葉類《そうしようるい》だ。

解答例

練習3：算数のテストで1位をとった人は来週のテストは受けなくてもよい。

解答例

練習4：離弁花は双子葉類だ。

③ 因果関係の取り違いを直そう

頭に「？」マークが浮かんだらその理由をさぐろう

先　生　「それでは次の文章のおかしなところを考えてみてください」

たくさん勉強すると成績が上がる。したがって、今回成績が上がったAくんはたくさん勉強したといえる。

公太くん　「うん？　別におかしくなくない？」

遥くん　「たくさん勉強しても成績が上がるとは限らないか

前提を前提としてとらえる難しさ。87ページ参照。

ら上の文はおかしいといえるんではないかい？」

先　生「『たくさん勉強すると成績が上がる』というのは前提だから、そこは疑わずに進めましょう。実際は、たしかにたくさん勉強しても成績が上がるかはわかりませんが、この例では、『たくさん勉強すると成績が上がるものとする』ということを前提として考えてみてくださいね」

たくさん勉強すると成績が上がる。したがって、今回成績が上がったAくんはたくさん勉強したといえる。

真菜さん「何かがおかしいのはわかるのだけど……」

先　生「その『何かがおかしい』と感じるのは実はとても大切なことです。ロジカルシンキングというのはとどのつまり、その『何かがおかしい』を減らす、相手の頭の中に浮かんだ『？』マークを減らすという目的を持っています。

『?』マークを減らすために、つなぎ言葉を正しく使って文のつながりをわかりやすくしたり、理由や前提を付け足したりするのです。『?』マークをできるだけ減らし、『なるほど』をできるだけ増やすことがロジカルシンキングだと考えてもいいでしょう」

「3年3組がカレー好き」なら「カレー好きは3年3組」?

公太くん「たしかにこの文は『?』マークが浮かぶよね」

先　生「では、もっとわかりやすい例を出しますね」

「AならばBのとき、BならばAとはいえない」というのは大人のロジカルシンキングの世界では「逆はいえない」という項目で扱われます。

「AならばB」という命題（真偽を判定できる文章）があった場合に、

「BならばA」が「逆」、

「AでないならばBでない」が「裏」、

「BでないならばAでない」が「対偶」とされ、命題が真の（命題が成立する）時に、

「逆」「裏」は疑（命題が示すことと一致しない）となり、

対偶が真（命題が示すことと一致する）となります。

中学生の時に数学の時間で扱ったのを覚えている方も多いのではないでしょうか。

3年3組はみんなカレー好きです。したがって
カレー好きはみな3年3組です。

公太くん「それはおかしいよ。だって僕はカレー好きだけど、3年3組じゃないよ。4年1組さ」

遥くん「わかった。3年3組がみんなカレー好きだからといって、カレー好きがみんな3年3組ではないってことだよね」

先　生「そのとおり。関係図にするとよくわかりますよ」

専門的な「逆」「裏」「対偶」の説明は別の本にゆずるとして、小学生のうちにじっくり考えてほしいのが「逆はいえない」です。

「3年生はみなカレー好き」であるとき、「カレー好きがみな3年生とはいえない」ということをじっくり理解することの効果ははかりしれなく大きなものです。

世の中には、この「いえないはずの逆」によって判断を間違えることが多々あります。たとえば次の文章を見てください。

気温が上がる夏になると、ビール系飲料の消費が目に見えて増えます。ビアホールが催され、居酒屋でもビールの注文が増えるそうです。
したがって、ビール系飲料の消費が

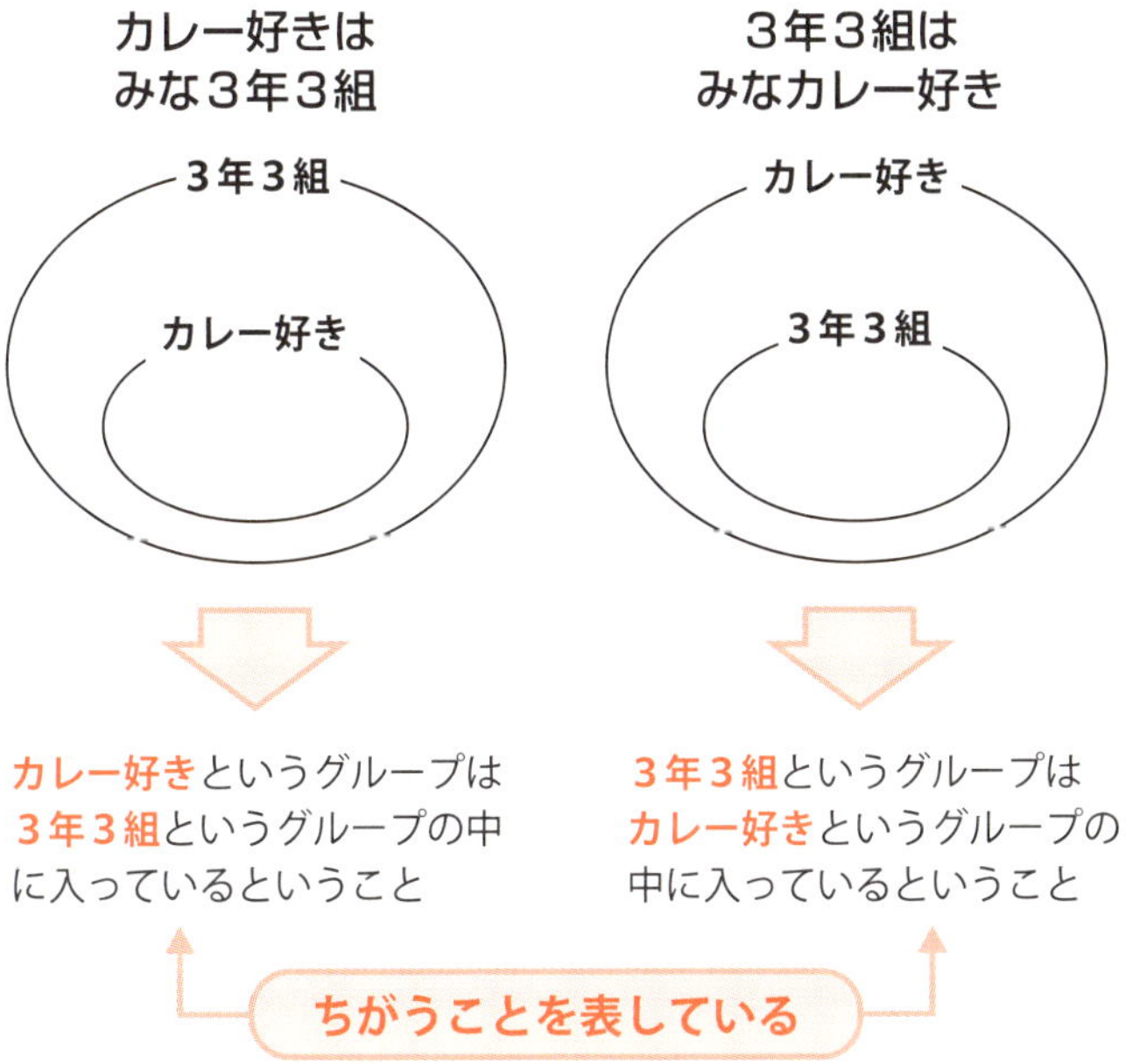
カレー好きは
みな3年3組
3年3組
カレー好き
3年3組は
みなカレー好き
カレー好き
3年3組
カレー好きというグループは
3年3組というグループの中
に入っているということ
3年3組というグループは
カレー好きというグループの
中に入っているということ
ちがうことを表している

顕著に伸びている今月から本格的に夏が始まったといえます。

特に違和感を感じない大人も多いのではないでしょうか。

しかし、「夏になるとビール系飲料の消費量が増える」という前提のもと、その逆である「ビール系飲料の消費量が増えると夏になった」と結論づけるのは間違いとなります。

テレビのニュースや新聞の記事、そして広告や参考書まで（あえてやっているものも多数ありそうですが）、この「逆」を使って結論を出しわれわれをミスリードします。

われわれ大人もそうですが、小学生も誤った判断をとらないためにも「逆」に関する感覚を磨いてほしいと思います。

成績が上がったのはなぜ？

たくさん勉強すると成績が上がる。したがって、今回成績が上がったAくんはたくさん勉強したといえる。

先　生「これでわかったのではないでしょうか。成績が上がるときはたくさん勉強したときだけかな」

公太くん「そんなことないよ、自分が好きな範囲がテストに出たとか、問題がすごく簡単だったとか、よく眠ったとか、テストに慣れて緊張しなくなったとか……」

真菜さん「あ、そうか。わかった。たくさん勉強すると成績が上がるからといって、成績が上がった理由が勉強であるとは限らない。それなのに成績が上がったAくんはたくさん勉強したとは言い切れないよね」

先　生「完璧《かんぺき》ですね。

Aならば B だからといって、B ならば A とはいえない、ということです。
いえるのは、A と B が一緒のときだけですね」

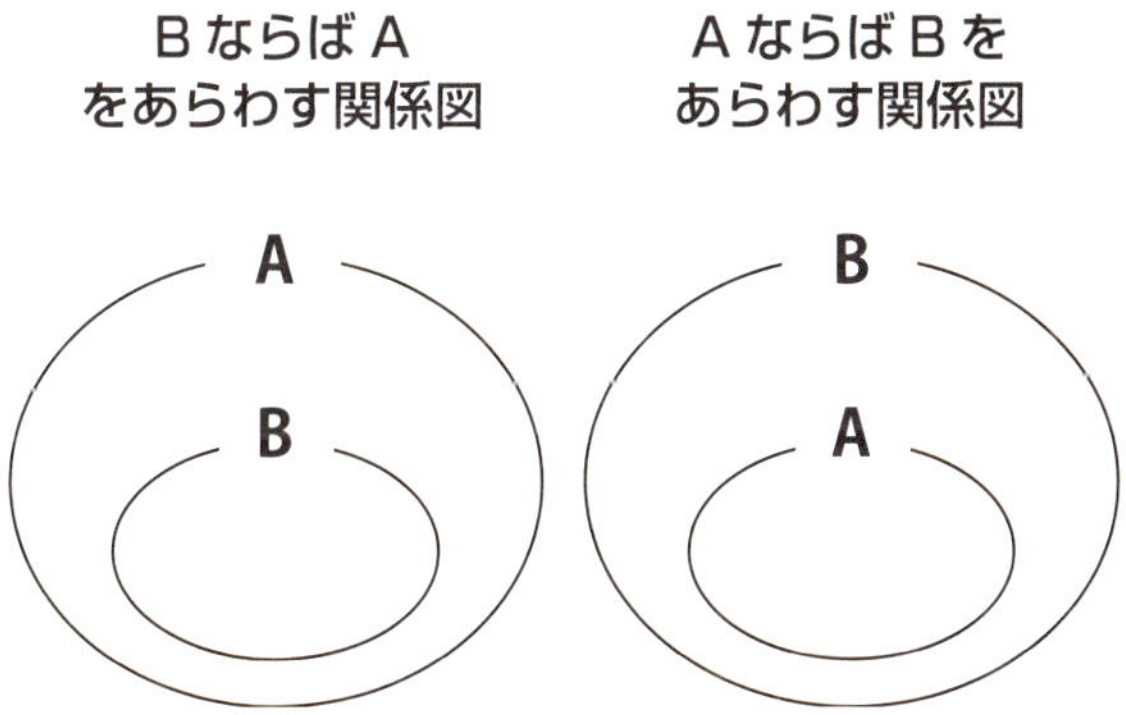

なぜ、この文章はわかりにくいのかを考える

先生　「それでは次のそれぞれの文章の伝わりづらいポイントを考えてみてください。5年生の社会の教科書にある内容です」

信濃《しなの》川、黒部《くろべ》川、木曽《きそ》川、天竜《てんりゅう》川などの上流や中流には、多くのダムがつくられ、水力発電が積極的に行なわれています。だから、中央高地から流れ出る川の多くは、流れが急で水量が豊富《ほうふ》なため、水力発電に向いているのです。また、この地域は

事実を前提とし、その「逆」を事実として結論づけています。

中央高地から流れる川が水力発電に向いているために、そこで多くのダムがつくられるのはわかりますが、上の文章のように「ダムが多くつくられるために、その川が水力発電に向いた川となる」というのはおかしな話です。

「中央高地の川が水力発電に向いているか否か」を議論する場で、上記のような発言が出たとしたら、少なくとも大人であるわれわれはそこに大きな論理展開の誤りに気づかなくてはいけません。

一般的な事実

「中央高地は水力発電に向いている。だから、中央高地には多くダムがつくられる」

一般的な事実の「逆」（上の例文）

「中央高地には多くダムがつくられている。だから、中央高地は水力発電に向いている」

京浜《けいひん》・阪神《はんしん》・中京《ちゅうきょう》の工業地帯に近く、電気を送るのにも便利です。

北海道の根釧《こんせん》台地は、米作りができず、豆類などの畑作も、生産量が不安定になりがちです。ですから、この台地では、夏が短く濃霧《のうむ》の発生する所が多く、これにより短い夏でも平均気温は20度以下となるのです。一年のうち、霜《しも》がおりないのは5カ月間ほどです。

本来は、霧が多く発生し気温が低いので、米作りや畑作が不安定という文章ですが、その「逆」が上の文章です。「AなのでB」という事実が「BなのでA」というかたちで説明されています。

先　生　「もう一つ、次の文章を見てください。
よく大人向けのロジカルシンキング講座でも使用される例文です」

「英語ができるAさんは、以前にイギリスに留学《りゅうがく》をしていた。」

「フランス語ができるBさんは、以前にフランスに留学をしていた。」

「中国語ができるCさんは、以前に中国に留学をしていた。」

Aさん、Bさん、Cさん以外にも数えきれないくらい数多くの外国語ができる人が、海外留学経験《けいけん》を持っています。

このことから、外国語を習得するには、その言語が使われる国に留学することが効果《こうか》がありそうだといえる。

先生　「この文章では、AさんBさんCさんについての文章から『外国語を習得す

るには留学すべき』と結論づけていますね。どこか違和感ありませんか?」

公太くん「うーん、特に違和感はないよ。外国語できる人は実は留学してたってことでしょ」

先　生「たとえば、Aさんはなぜ英語ができるようになったのですか?」

公太くん「留学したからだよ。書いてある」

先　生「そうですかね。先生が学校長だったらもともと学校で使う言葉をある程度でも使える人を留学生として受け入れますよ。そうでないと、授業になりませんから」

真菜さん「わかっ、わかった!

これさ、AさんにしろBさんCさんにしろ、みんなもともと外国語ができたから留学したのかもしれないよね」

先　生「そのとおりですね。この文も、『外国語ができる人は、その言葉を使う国に留学していた』といってはいますが、その『逆』である『留学していれば、外国語ができるようになる』といってはいません。これも『逆』を真である（成り立つことである）と取り違えるよい例です」

④ロジカルシンキングの必須基本ツール〝集合図〟

3年3組とカレー好きの関係を図に表すと……

先　生　『3年3組の生徒はみなカレー好きだ』という文章を図にするとしたら、次のAとBどちらになると思いますか？」

A

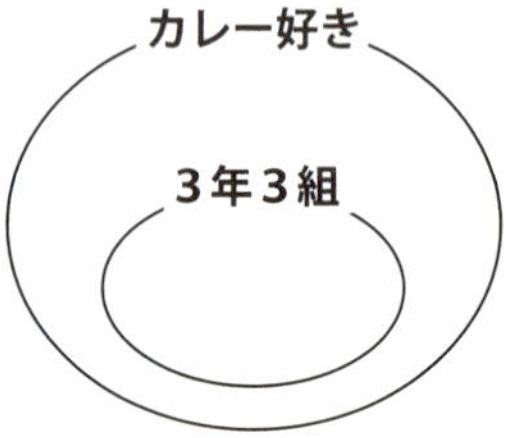

B

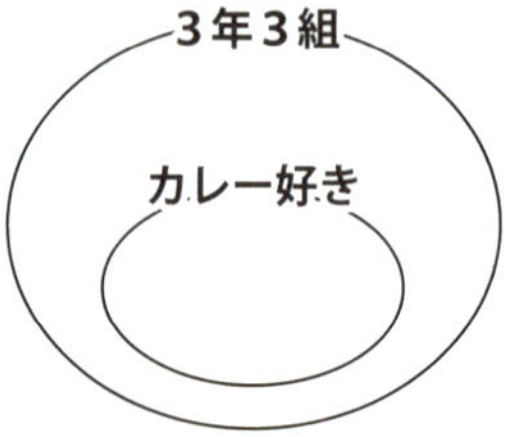

公太くん「うーんと、どっちかな……。Aかな……」

先　生「ではたとえば Aのほうを見てみましょう。円はグループを表します。3年3組の人が、カレー好きという円の中に入っているとすると、彼らはカレー好きといえますか？」

真菜さん「いえる。3年3組はみんなカレー好きの円の中に入っているから」

先　生「そうですね。カレー好きの円の中にはカレー好きの人がみんな入っていて、円の外にはカレーが好きでない人がいると考えま

理由と結果、何が何に含まれるなど、物事の「関係」を正しく相手に伝えることがロジカルシンキングであるということができます。

〝集合図〟はまさにロジカルシンキングのためのツールです。文章を見て、話を聞いて、内容をこの集合図に落とし込みながら物事を考える習慣は大変有用なものです。はじめは内容を実際に集合図にしてみます。慣れてくると、紙やペンを手に取らなくとも、内容が集合図として頭に浮かぶようになるものです。

例：鳥類はセキツイ動物の一種だ

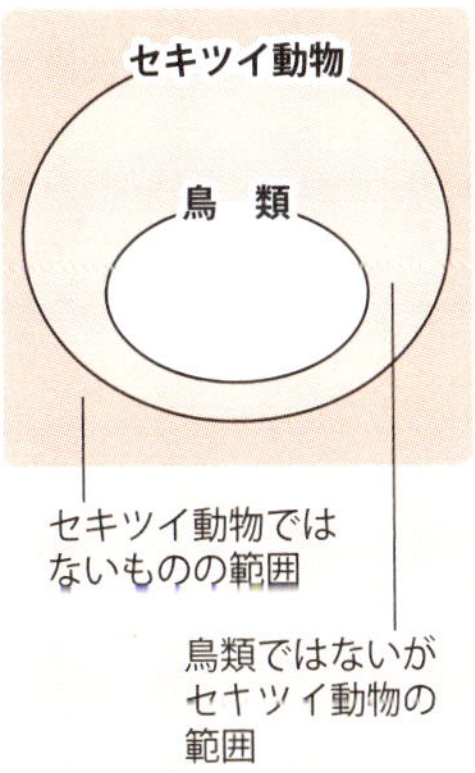
セキツイ動物
鳥　類
セキツイ動物ではないものの範囲
鳥類ではないがセキツイ動物の範囲

す。
　では、Bのほうを見てみましょう。赤で示したところにいる人は、3年3組ですが、カレー好きではないのがわかりますか?」

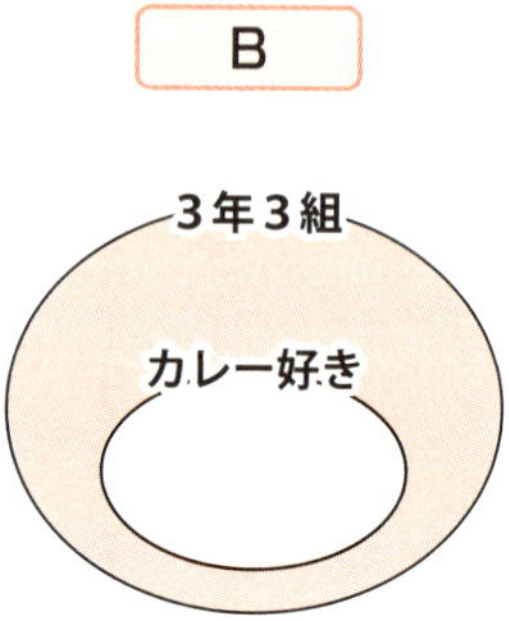

遥くん「ああ、なるほど。もともとあった『3年3組はみなカレー好き

　集合図をつくることにより、「鳥類でないからといってセキツイ動物とはいえない」ということがいえるかどうか、「セキツイ動物でない場合は、鳥類ではない」ということがいえるかどうかを、視覚的に判断できます。

例：ロジオくんの家のまわりに住んでいる人はみな食いしん坊だ

　集合図で物事をとらえることで一見難解な文章が容易に理解できます。

だ』という文章と合わなくなる。

つまり、文章を正しく図にしたのはAですね」

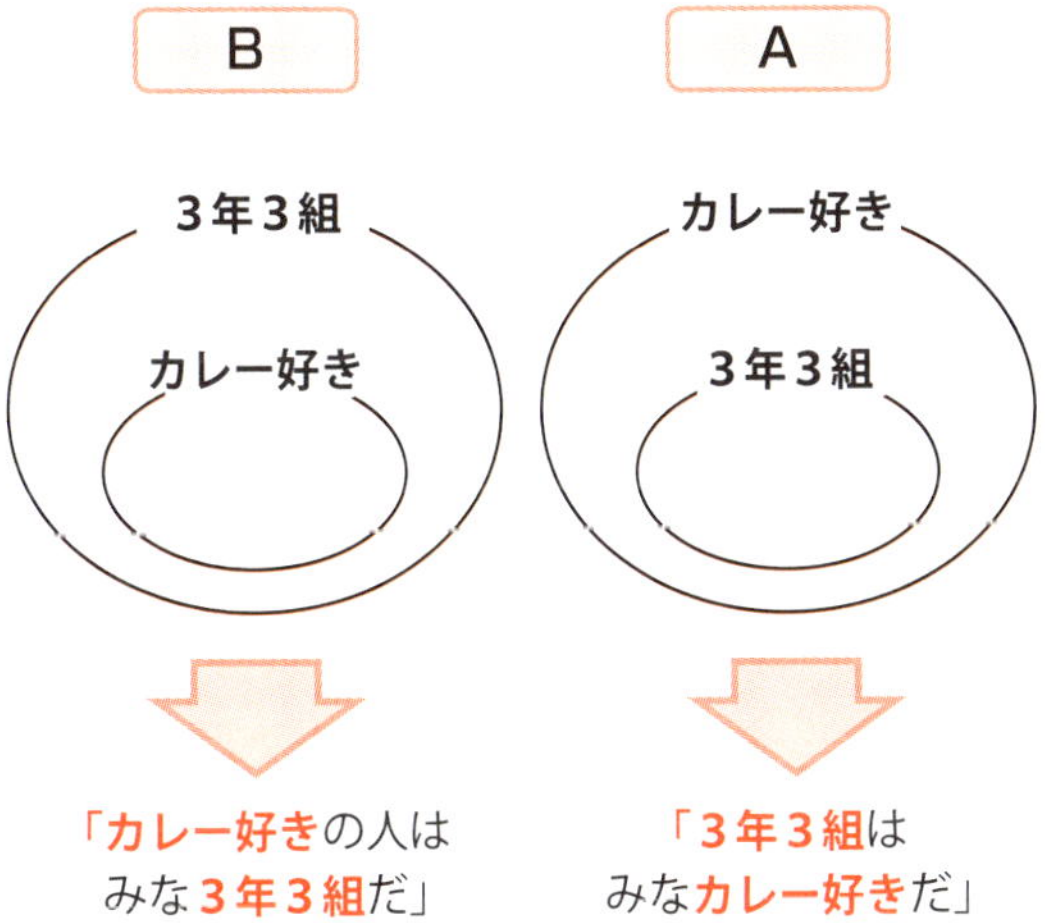
A
カレー好き
3年3組
「3年3組はみなカレー好きだ」
B
3年3組
カレー好き
「カレー好きの人はみな3年3組だ」

たとえば 104ページの例をみてみましょう。

前提：

「英語ができるAさんは、以前にイギリスに留学をしていた。」

「フランス語ができるBさんは、以前にフランスに留学をしていた。」

「中国語ができるCさんは、以前に中国に留学をしていた。」

Aさん、Bさん、Cさん以外にも数えきれないくらい数多くの外国語ができる人が、海外留学経験を持っています。

結論：
このことから、外国語を習得するには、その言語が使われる国に留学することが効果がありそうだといえる。

前提にあたる部分はつまり「外国語ができる

先生「そうですね。こうやって、〝何が何だ〟というのを円と円の関係で表したものをこの教室では『集合図』と呼んで使っています。グループ同士の関係を表すので『関係図』と呼ぶこともあります」

集合図を使いこなす練習

先生「集合図の使い方を少し練習してみましょう。

次の4つの文章をそれぞれ『集合図』で表してください」

人々は、留学していた」ということです。これを集合図にすると、

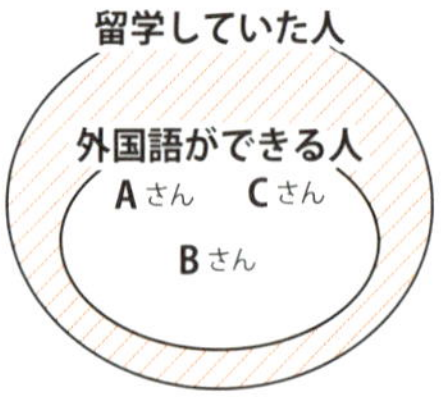

となります。

前提を表した右の図からは、留学した人は外国語ができるとは限らないことがわかります。斜線部は「留学していたが外国語ができない人」を表します。すると結論部分である、『このことから、外国語を習得するには、その言語が使われる国に留学することが効果がありそうだといえる』がおかしい（前提からいえない）ことに気づきます。

① 2年A組の生徒は、イカスミパスタ好きだ。

② 『フライ・ミー・トゥ・ザ・ムーン』はいまだに聞かれる名曲だ。

③ セガールが主役のときは、主役がかならず勝つ。

④ 雨の日には、あきらさんは物思いにふけりながら本を読む。

解答例

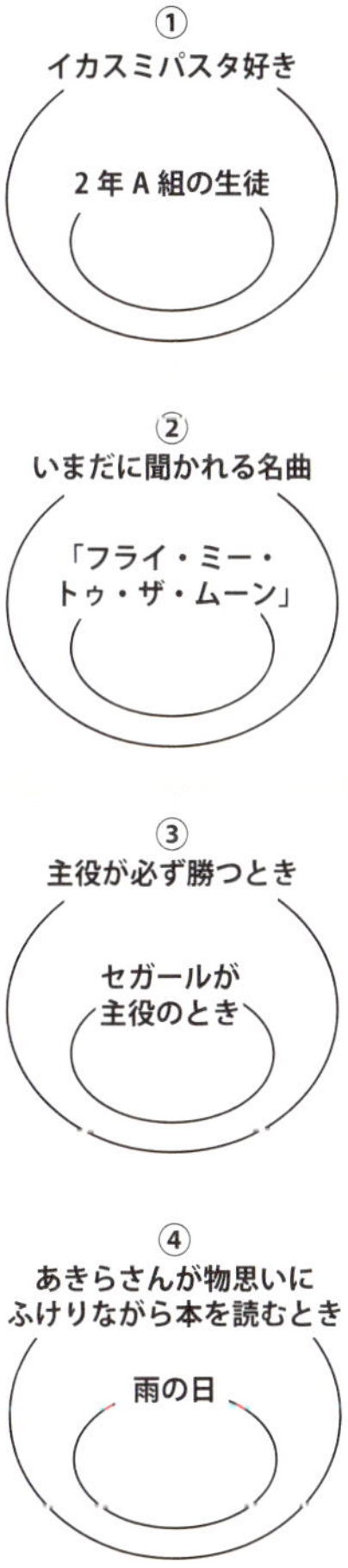

先生「次の問題を解いてみてください」

ロジオくんは、おじいさんにマリオのゲームがほしいとお願いしました。

おじいさんはマリオを知らなかったので、ロジオくんは説明しました。

「マリオは赤いぼうしをかぶってて、オーバーオールを着てて、冒険《ぼうけん》をするんだよ」

次の日、おじいさんは、ロジオくんに言われたとおりのゲームを買ってきました。ところが、おじいさんが買ってきたゲームはマリオではなかったのです。

どうして、こうなってしまったのでしょう?

考えられる原因をア～エから選びなさい。

解説

ロジオくんはマリオのことを「赤いぼうしをかぶっていて、オーバーオールを着ていて、冒険をする」と説明しました。しかし、「赤いぼうしをかぶっていて、オーバーオールを着ていて、冒険をする」からといって、必ずしもそのキャラクターがマリオだとは限りません。ロジオくんは「赤いぼうしをかぶっていて、オーバーオールを着ていて、冒険をする」ゲームキャラクターがマリオ以外にいるのかどうかを説明する必要がありました。

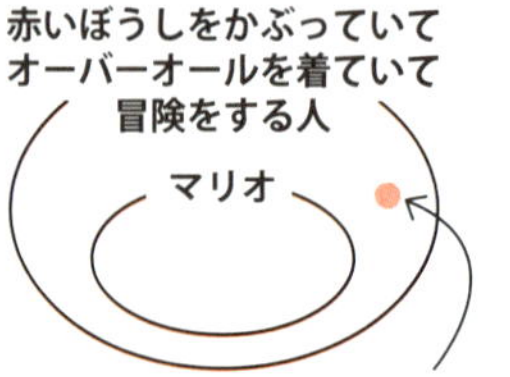

ここが表すのは「赤いぼうしをかぶっていて、オーバーオールを着ていて、冒険をするが、マリオではないキャラクター」

ア．マリオのゲームはたくさん種類があるから。

イ．おじいさんはゲームは悪いものだと思っていたから。

ウ．赤いぼうしをかぶり、オーバーオールを着て、冒険をするゲームキャラクターが、マリオの他にもいたから。

エ．おじいさんにはロジオくんの他にも孫がたくさんいたから。

アのように「マリオのゲームがたくさんある」ことが、マリオ以外のゲームを買ってきてしまった理由にはなりません。

イのように「おじいさんがゲームを悪いものだと思っている」としたら、マリオ以外のゲームを買ってはきません。そもそもゲームを買ってこないでしょう。

エのように「おじいさんにたくさん孫がいること」と「マリオ以外のゲームを買ってきてしまったこと」は関係がありません。

ア、**イ**、**エ**、どれもおじいさんがマリオを買ってこなかったことの理由としては正しくはありません。

解答 **ウ**

先生「もう1問みてみましょうか」

ロジオくんはお父さんに、魚とはどんな生き物かたずねました。

お父さんは、

「魚は、水の中にすんでいて、泳ぐのがすごくうまい。魚は水の中でも息ができるように、エラというもので呼吸しているんだよ。あと、食べるととてもおいしい。体にもいいしね。日本人は昔から魚をたくさんとっていたんだよ」

とこたえました。

このことからロジオくんが確実にわかることとしてまちがっているものを次のア〜エから選びなさい。

解説

お父さんの話で気をつけなくてはいけないのは「魚は水の中にすんでいて、泳ぐのがうまい」といっていますが、「泳ぐのがうまくて、水の中に住んでいるものは魚である」とはいっていないことです。

たとえば、イルカは水の中に住んでいて、泳ぎがうまいですが、魚ではありません。左の図でいうと赤い点のところに入ります。

「AならばB」という説明と「BならばA」という説明を区別して考えるようになりましょう。

ア．魚はエラを使って、水の中で呼吸《こきゅう》をしている。

イ．日本では昔から魚をとることがさかんだった。

ウ．泳ぎが上手であり、水の中にすんでいるのは魚である。

エ．ロジオくんのお父さんは魚は食べるとおいしいと思っている。

解答

ウ

かんたんな具体例ですが、「鳥ならば飛ぶ」としても、そこから自動的に「飛ぶならば鳥だ」とはいえません（たとえば、飛行機もスーパーマンも飛びます）。

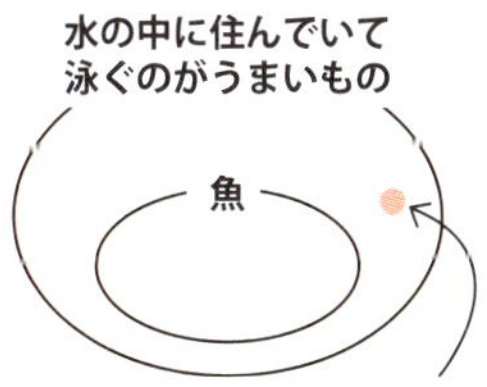

ここが表すのは「水の中にすんでいて、泳ぐのがうまいけれど、魚ではないもの」

PART 2
ロジカルシンキング
実況中継

第5章

仮説を使って思考を進める

～だから、
きっとこうだろう

①当てずっぽうでなく、「そうかもしれない」を予想しよう

どうすれば盛り上がる話題を選べる?

先　生　「今9人の小学生のプロフィールを見せます」

①たろうくん
住んでいる所：東京
性別：男
好きな食べ物：ぶどう
好きなスポーツ：
バスケット
将来の夢：本屋

②じろうくん
住んでいる所：静岡《しずおか》
性別：男
好きな食べ物：
天丼《てんどん》
好きなスポーツ：
サッカー
将来の夢：弁護士《べんごし》

③よしこさん
住んでいる所：神奈川《かながわ》
性別：女
好きな食べ物：もも
好きなスポーツ：
バレーボール
将来の夢：花屋

④ただしくん

住んでいる所：静岡
性別：男
好きな食べ物：
ハンバーグ
好きなスポーツ：
サッカー
将来の夢：映画監督《えいがかんとく》

⑤まさるくん

住んでいる所：東京
性別：男
好きな食べ物：牛丼《ぎゅうどん》
好きなスポーツ：野球
将来の夢：医者

⑥ようこさん

住んでいる所：神奈川
性別：女
好きな食べ物：もち
好きなスポーツ：
スケート
将来の夢：本屋

⑦はるおくん
住んでいる所：東京
性別：男
好きな食べ物：
エビグラタン
好きなスポーツ：卓球《たっきゅう》
将来の夢：科学者

⑧きょうこさん
住んでいる所：静岡
性別：女
好きな食べ物：プリン
好きなスポーツ：
テニス
将来の夢：パン屋さん

⑨よしおくん
住んでいる所：静岡
性別：男
好きな食べ物：
スパゲッティ
好きなスポーツ：
サッカー
将来の夢：絵かき

先　生　「いろいろな生徒がいますね」

公太くん「⑦のはるおくんとは気が合いそうです」

先　生　「それはなぜ？」

公太くん「エビグラタン好きだし、将来の夢も一緒だし」

先　生　「なるほど、なるほど。少し時間をあげるのでどんな人がいるかちょっと見てください」

先　生　「では、ここでちょっと考えてみたいことがあります。今ここに『ロジオくん』という生徒がやって来ました。ロジオくんのプロフィールは次のようになっています」

何か課題点や前提から結論をだす際に、その間をつなぐ理由や根拠がない場合、それは〝当てずっぽう〟となり、説得力を持って他人にメッセージを伝えることはできません。

単に、

「円は上がるはずだ。**だから円預金の資産価値は増えるはずだ。**」

といわれるよりも

「円は安全通貨として位置づけられ、戦争や災害があった際は各国通貨を円に替える動きが生じる。これにより円の需要が大きくなる。したがって、円は上がるだろう。だから**円預金の資産価値は増えるはずだ。**」

といわれたほうが、より「円の資産価値は増える」と信じられると思います。

ロジオくん
住んでいる所：静岡
性別：男

真菜さん「出身地と男ってことしかわからないの？」

先　生「そうですね。
今やってきたロジオくんに、あなただったらなんて話しかけますか？　できるだけ彼が興味を持ってくれそうな話題を考えたいと思います」

公太くん「そうだなあ、僕だったらロジオくんに

結論の説得力を高めるのは、それを支える理由です。理由をともなった予想を教室では「仮説」と呼びます。自分の出した予想・結論が当てずっぽうなのか、仮説なのか、小学生のうちからくり返しくり返し意識する機会を設けます。

小学生が解く多くの問題や、また日常生活の問題事は、公式や暗記した知識、過去の経験を当てはめることで直接解答や問題解決に至ることができるものが大多数です。

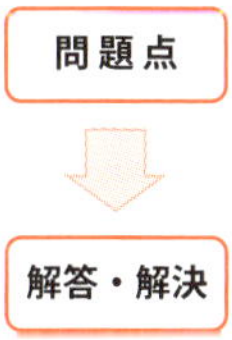

『携帯電話持ってる?』って聞くよ」

先生 「なぜそのように話しかけるの?」

公太くん 「僕が携帯電話が欲しくて欲しくてしょうがないから。同じように携帯電話が欲しければどんな携帯電話が欲しいかできっと盛り上がると思うから」

先生 「なるほど。それは一つのアイデアですね。他には?
大事なことは当てずっぽうでなく、『何を話しかければ盛り上がるかを考える』ことですから、もちろん公太くんのは間違いではありませんね。だけど今日はせっかくですから、他の人たちのプロフィールをよく見て、それを参考に考えてみませんか?」

しかし、大人であるわれわれが常に実感しているように、難易度の高い試験や社会に出てから直面する問題点・課題に対しては、既存の知識を当てはめるだけではたいていの場合解答・解決にたどり着くことできません。

そこで必要となるのが、これまでの知識を組み合わせ、仮説をつくり、その仮説を用いてこれまで直面したことのない課題を解決する力です。

たった2つの情報からでも予想を立てられる

真菜さん「なるほど。それで最初に9人のプロフィールを見せたのですね」

先　生「そうです。そのとおりです。

何か9人のプロフィールを見てわかることはありませんか？

そして忘れていけないのは、ロジオくんについてわかっていることは、『静岡出身』『男性』ということだけです」

真菜さん「あ、気づいたのですが、9人の中で静岡出身の人が4人いて、そのうち男の子の3人はみんなサッカーが好きだから、もしかしたら静岡出身の男子にはサッカー

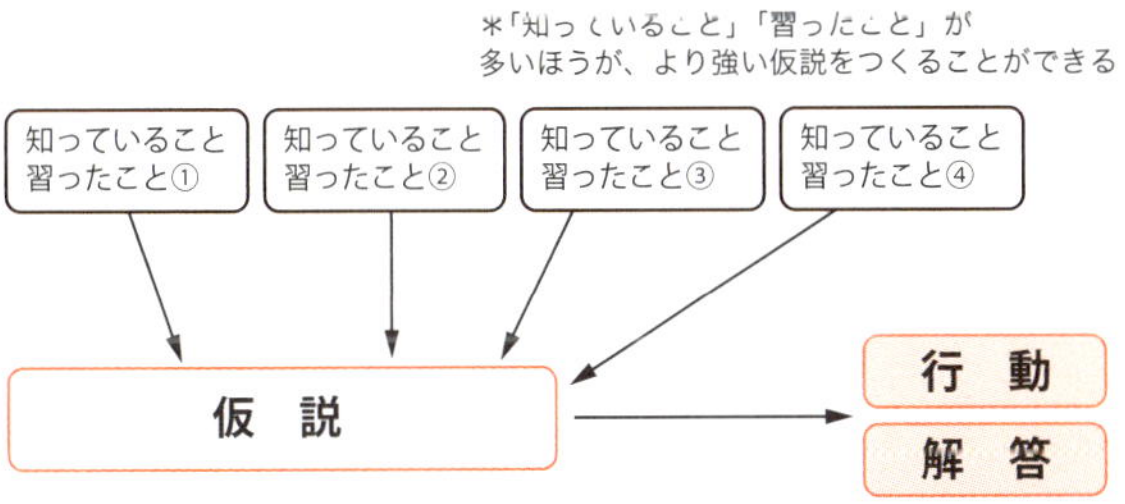
＊「知っていること」「習ったこと」が
多いほうが、より強い仮説をつくることができる
知っていること
習ったこと①
知っていること
習ったこと②
知っていること
習ったこと③
知っていること
習ったこと④
仮　説
行　動
解　答

好きが多いのではないかな……。サッカーの話をしてみたら盛り上がらないかな」

先生「なるほど。面白い予想ですね。おそらく先生もサッカーについて話しかけると思います。真菜さんと同じ予想をしました」

公太くん「でも、その3人がたまたまサッカーが好きなだけかもしれないよ」

先生「そのとおりだと思います。でも大事なことは何の話をすれば盛り上がりそうか、『もしかしてそうかもしれない』と考えることなのです。まったくの当てずっぽうよりも、『そうかもしれない』と考えることが重要だというのが今日のテーマです」

単純な計算問題や、知識の穴埋めのテストの結果は良いが、見たことのない（ように見える）問題になると手も足も出なくなる生徒には、この「仮説」を持って解くという経験が不足していることが多く見られます。

計算問題や、文章題、漢字テストなど答えが確実にあることを前提とした問題に慣れている小学生にとって「間違っているかもしれないけど、そうかもしれない」という仮説から考えを進めることは多くの抵抗をともなう行為です。

しかし、実社会では問題事に対して一つの答えが用意されていることはなく、また答えがあるかどうかもわからない中、解決に向かわなくてはいけません。

「仮説」をつくり、その「仮説」を使って考えを進めるという訓練を小学生のうちからぜひ数多く体験してほしいと思います。

教室ではあえて未学習の問題を小学生に提示し、参考資料やヒントから仮説をつくり、答えを探るという訓練を繰り返します。

ロジムの生徒の特徴は「わからない」「習っていない」「知らない」という発言をしないことに尽きると思います。

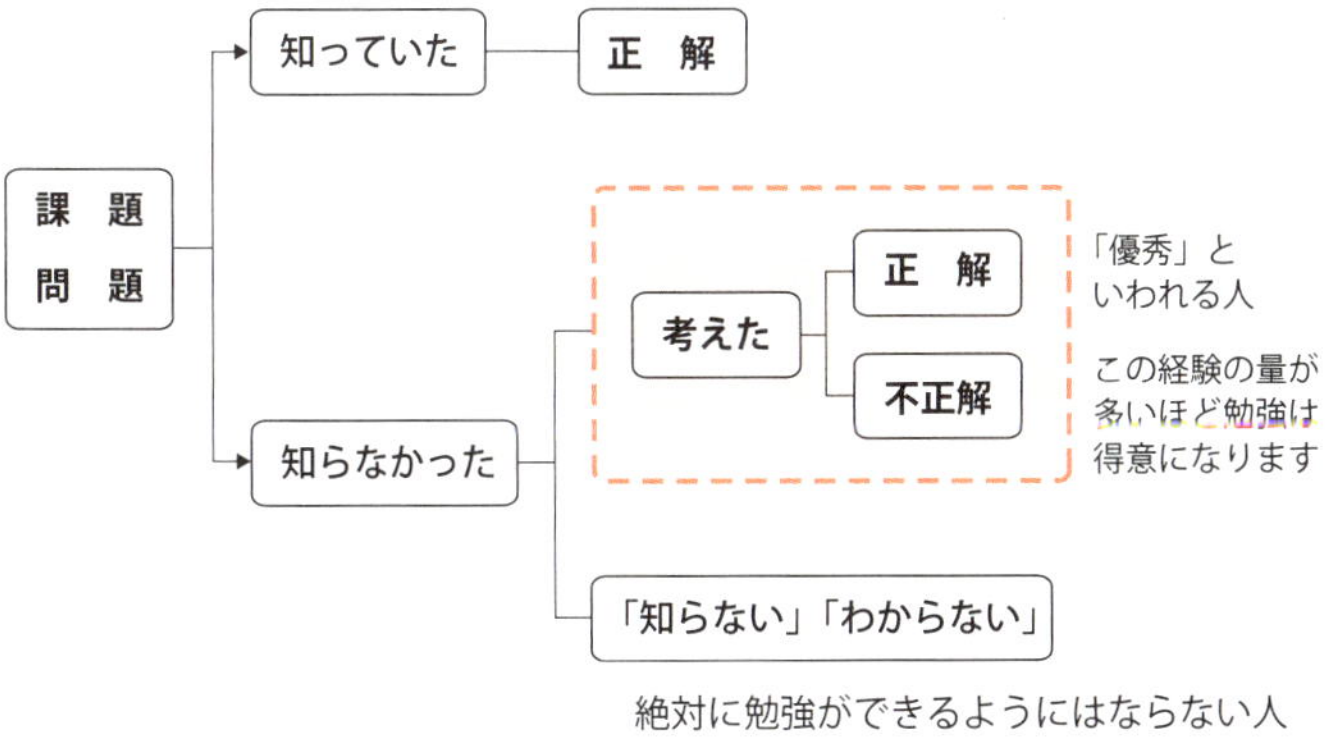
課題
問題
知っていた
正解
知らなかった
考えた
正解
不正解
「優秀」と
いわれる人
この経験の量が
多いほど勉強は
得意になります
「知らない」「わからない」
絶対に勉強ができるようにはならない人

② 間違っていたら、「そうかもしれない」をまたつくる

白紙の答案は絶対にゼロ点だけれど……

先生　「わからない問題やわからないことがあったときに、みなさんにしてほしいことは、知っていること、わかったことを組み合わせて『そうかもしれない』という予想をつくることです。

もちろんその『そうかもしれない』が間違っていることもありえます。間違っていることのほうが多いかもしれません。

しかし、間違いとわかったらまた新たに『そうかもしれない』をつくればいいだけのことです。

白紙の解答用紙は絶対にゼロ点です。答案用紙の白さが美しいからといっ

て点数がもらえることは絶対にありません。テストに限らず、きみたちの身にふりかかる問題に対しても、この姿勢はぜひ持っていてほしいと思います」

仮説を立てる練習

先　生　「では問題を通して、仮説をつくって問題を解く練習をしてみましょう」

練習問題1
次の3つの県のうち、モモの生産が全国第2位の県を答えなさい。
A　長崎県　B　埼玉県　C　福島県

資料1

山形《やまがた》県はさくらんぼの生産日本一

山形県についての説明

最上川《もがみがわ》下流の庄《しょう》内平野《ないへいや》は、江戸時代からの米どころです。
山形盆地でおうとう（さくらんぼ）、ぶどう、西洋なしなどが作られます。

青森《あおもり》県はりんごの生産日本一

青森県についての説明

三戸町《さんのへちょう》は、青森県では最も南にあって、自然豊かな山々に囲まれた盆地です。
県内ではもちろん、年によっては全国でも最高最低気温を記録《きろく》するなど、おいしいりんごをつくるための条件の一つ、あつさと寒さの差がはっきりしています。

長野《ながの》県はりんごの生産第2位

長野県についての説明

県庁所在地の長野や松本は、典型的な内陸性の気候です。長野盆地や松本盆地のりんごは、青森県につぐ生産量です。

山梨《やまなし》はモモの生産日本一

山梨県についての説明

県庁所在地《けんちょうしょざいち》の甲《こう》府《ふ》のある甲府盆《こうふぼん》地《ち》の扇状地《せんじょうち》では、ぶどう、モモなどのくだもの栽《さい》培《ばい》がさかんです。勝沼のぶどう酒（ワイン）が生産されています。

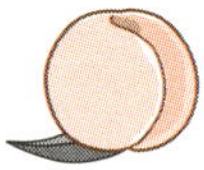

- 盆地…山に囲まれた平地。温度差が大きい
- 県庁所在地…県庁（県の役所）がある場所
- 扇状地…山から川が平野にながれでる隙にできる地形

教室では地理・農業を未修の生徒向けに扱う問題です。そういった生徒は知識として「モモの生産2位=福島」を知りません。知らなくてもかまいません。

そんな中、「習っていない」「知らない」「わからない」という言葉を発するのではなく、手持ちの情報から仮説をつくって問題に向かうという姿勢を養うための問題です。

生徒は、資料1を読み込む中で、くだもの作りで有名な県の共通点を探すという作業を始めます。慣れていない生徒には「ここに出ている、くだもの作りで有名な県に共通な特徴って何だろう?」というようなヒントを出します。

資料2

福島県についての説明

福島盆地で農業がさかんです。阿武隈《あぶくま》高地で乳牛・肉牛の飼育が行なわれます。漆器《しっき》の会津《あいづ》塗《ぬり》などの伝統工業があります。郡山《こおりやま》で化学・せんい工業がさかんです。只見川《ただみがわ》は、電源開発で有名。太平洋岸に原子力発電所が集中しています。県庁所在地は福島です。

埼玉県についての説明

東京のベッドタウンが多く、人口増加がいちじるしくなっています。狭山《さやま》、川越《かわごえ》などで、機械工業が発達しました（関東内陸工業地域を形成）。武蔵野《むさしの》の台地は畑作中心です。県庁所在地は浦和《うらわ》・大宮・与野《よの》の3市が合併《がっぺい》してできたさいたま市です。

長崎《ながさき》県についての説明

県庁所在地は長崎市で、広島《ひろしま》とともに原爆《げんばく》の被害《ひがい》にあっています。海岸はギザギザのリアス式海岸です。雲仙《うんぜん》（普賢岳《ふげんだけ》）の噴火で大きな被害を受けました。漁業がさかん。大村湾《おおむらわん》で真珠《しんじゅ》、有明海《ありあけかい》でのりの養殖《ようしょく》がさかん。長崎、佐世保《させぼ》では造船《ぞうせん》業がさかん。江戸時代に、オランダと貿易《ぼうえき》。長崎では、中国との貿易も行なわれました。対馬《つしま》は、朝《ちょう》鮮《せん》との貿易の窓口《まどぐち》でした。

ロジムの入塾審査では、知識を問う問題を用いることはありません。初見の問題に対峙《たいじ》したときに、どうやって解答に近づこうとするか、その一点のみを確認します。

そして、「くだものの作りが有名な県には"盆地"がある」ことに気づきます。たとえ盆地が何であるかを知らなくとも（注記に気づかなくとも）、

「くだものは盆地でさかんに作られる」

という仮説をつくり出します。

そして、解答選択肢の長崎、埼玉、福島の説明を読み込み、福島の記述の中に「盆地」を見つけます。

この問題の要点は、仮説をつくることです。

問題・課題に直面した時に諦めない力、解に向かって前進する力をい

かにして育てるかは、この「仮説をつくり解答を導く」という練習をいかに多く積むかにかかっているといってもよいのではないでしょうか。

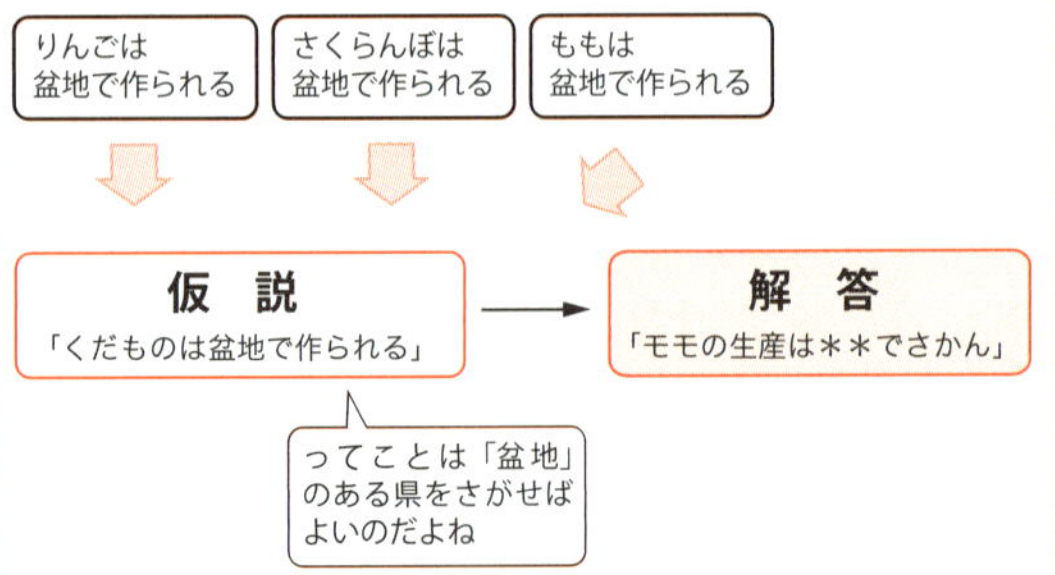

りんごは
盆地で作られる
さくらんぼは
盆地で作られる
ももは
盆地で作られる
仮　説
「くだものは盆地で作られる」
解　答
「モモの生産は＊＊でさかん」
ってことは「盆地」のある県をさがせばよいのだよね

練習問題2
サバ、マダイ、ヒラメ、カンパチ、サケ、サンマを赤身の魚と白身の魚に分けてください。

参考資料1
スーパーのお魚コーナーに行くと、秋のお魚がたくさんならんでいます。サバ、ヒラメ、サケ、サンマ、カンパチ、マダイなど。季節にあったお魚を食べることはとても体によいといわれています。その理由の一つは、人の体を作るたんぱく質《しつ》という栄養素《そ》がたくさんふくまれているからです。
お魚の種類は2つに分けることができます。赤身のお魚と白身のお魚です。赤身のお魚は遠い海まで速いスピードで泳ぎつづけるので、筋肉《きんにく》がたくさんついています。その筋肉が赤身といわれています。白身のお魚は岸

解答例
サバ、カンパチ、サンマが赤身魚、マダイ、サケ、ヒラメが白身魚
問題として出題され「赤身魚と白身魚なんて知らない。習っていない」という生徒は学習全般において姿勢を見直すべきだと思います。この問題では、参考資料から「赤身魚は遠くまで泳ぐ魚、白身魚は近海で泳ぐ魚」という仮説をつくり、そこから解答を導きます。
サケが白身魚というのは意外ですが動物学では白身魚となります。

からそんなに遠くない場所で、海の底で、あまり動かずにくらしているため、赤身のお魚にくらべて筋肉が少ないのです。

参考資料2

いろいろな魚について

サバ

日本でもたくさんのお魚があがる銚子漁港《ちょうしぎょこう》で一番水あげされています。銚子漁港は遠い海でとれる魚がたくさん水あげされることで有名です。

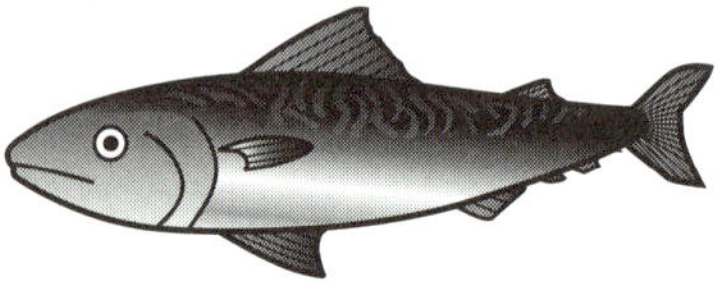

マダイ

瀬戸内海《せとないかい》でたくさん水あげされます。岩の多いところでくらしています。

ヒラメ

海のそこの砂のおおい場所でくらしています。卵《たまご》をうむときは、あさい場所《ばしょ》にいきます。大きい魚ではなく、マダイと同じくらいの大《おお》きさです。

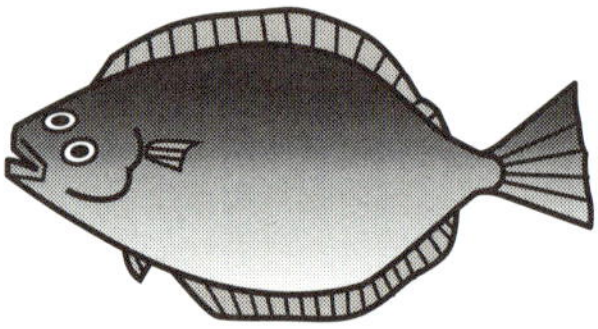

サケ

卵《たまご》は川でうみ、大きくなると、川から海へと生活する場所をかえます。しかし、卵をうむためにはまた川にもどってくるので、そんな遠いところにはいきません。日本では北海道で一番水あげされています。

サンマ

日本海からアメリカ大陸、アラスカのほうまでみられる魚です。北海道《ほっかいどう》の根《ね》室漁港《むろぎょこう》で一番水あげされています。

カンパチ

日本から、遠くはハワイぐらいまでの海の中を泳ぎまわっています。名古屋《なごや》で一番水あげされています。

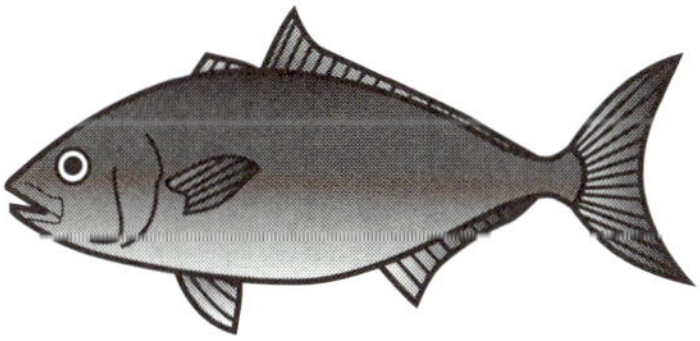

練習問題2

夏秋キャベツの生産量第3位の県は①〜③のうちどれでしょうか。

①大分県
②長野県
③福島県

解答例

②長野県

資料1から夏秋キャベツ生産がさかんな場所に必要な条件は何かを予想します。北海道、岩手県、群馬県の記述から「夏秋キャベツは標高の高い場所で作られるのではいか」という仮説をつくることがこの問題で求められています。この仮説さえつくれば、資料2の長野県の説明から高

資料１

北海道は夏秋キャベツ生産量が日本第２位	群馬県《ぐんまけん》は夏秋キャベツ生産量が日本第１位	岩手県《いわてけん》は夏秋キャベツ生産量が日本第４位
北海道についての説明	**群馬県についての説明**	**岩手県についての説明**
本州の北に位置する、日本で２番目に大きな島。面積が広いため、石狩山《いしかりさん》地《ち》や富良野盆地《ふらのぼんち》、十勝平《とかちへい》野《や》、根釧台地《こんせんだいち》などをはじめ、さまざまな地形をもつ。日本の食糧基地《しょくりょうきち》と自称するほど農業や畜産業《ちくさんぎょう》がさかんである。本州に比べて寒冷な気候が特徴で夏でも平均気温は20℃である。	県境が陸に囲まれており、山地が多く、著名な活火山である浅間山《あさまやま》を始め、榛名山《はるなさん》、赤城山《あかぎさん》など名山が多い。山々に囲まれた高原地帯では冬の降雪量が多いためスキー場が多いほか、数多く温泉がわき出しゴルフ場や別荘地、キャンプ場などのレジャー施設も数多く存在する。	東北地方の北部に位置する。県の東側には北上《きたかみ》山地、西側の秋田県との県境には奥羽《おうう》山脈が走っている。その周辺には安比《あっぴ》高原《こうげん》・種山《たねやま》高原など多くの高原があり、日本を代表するスキー場にもなっている。リアス式海岸である三陸海岸ではワカメの養殖《ようしょく》がさかんである。

- 夏秋キャベツ…日本では出荷時期によって、冬キャベツ（11～3月）、夏秋キャベツ（7～10月）、春キャベツ（4～6月）に分類されている
- 高原…標高が高く、広い平坦面を持つ地形である。標高が高いことから夏でも冷涼である。そのため、避暑地として利用される。また冬にはスキー場となるところも多い

※生産量の順位は平成16年のデータ

原に関する記述を見つけることができるでしょう。

　未知の問題に遭遇し、手持ちの情報から仮説をつくり、つくった仮説を用いて解答を導くというプロセスを練習しています。

　余談ですが、仮説が正しいかどうかの検証作業も何かしらの方法で教材化できないものかと現在検討しています。

資料2

大分県《おおいたけん》

九州地方の東部に位置《いち》する県。温泉《おんせん》の源泉数《げんせんすう》、湧出量ともに全国一です。山地の占める面積が大きいが、気候は全体的に温暖であるため甘夏みかんなどの生産がさかんです。南部の日豊《にっぽう》海岸にはリアス式海岸が発達していて、周辺の海域からは関さばなどの高級魚《こうきゅうぎょ》がとれます。一村一品運動という、地域活性化の運動があり、県内各地には特産品が生まれています。

長野県《ながのけん》

全国第4位の面積をもつ大きな県。日本アルプス（飛騨《ひだ》山脈、木曽《きそ》山脈、赤石《あかいし》山脈）が縦に走っており、その周辺に数多くの盆地がある。気候は地域によって異なるが、志《し》賀高原《がこうげん》、菅平《すがだいら》高原、八《やつ》ヶ岳《がたけ》のふもとなどの高原地帯では平均気温が低く、夏でも25℃をほとんど越えない。農産物は、すずしい気候を生かしてりんごの生産がさかんであり、青森県についで日本第2位である。

福島県《ふくしまけん》

東北地方南部に位置する、奥羽山脈《おううさんみゃく》、越後山《えちごさん》脈《みゃく》、阿武隈高地《あぶくまこうち》に囲まれています。農業が東北地方で3番目にさかんであり、会津盆地《あいづぼんち》、郡山盆地《こおりやまぼんち》からとれる米、福島盆地のモモ、サクランボなどの果物の生産がさかんです。水産物としてはカツオやニジマス、養殖のコイなどが有名。日本を代表する高原湿原《しつげん》である尾《お》瀬《ぜ》は、美しい景色が有名で特別天然記念物に登録されている。

PART 2
ロジカルシンキング 実況中継

第❻章

モレなくダブりなく情報を整理する

〜いったいいくつのことを
いっているのか〜

①「階層」という言葉を使わずに階層という考え方を知る

クラスを2つに分ける方法を考える

先　生「このクラスの人を2つに分けてください」
公太くん「男の子と、女の子」
真菜さん「長袖と半袖」
遥くん「大人と子ども」
公太くん「あ、あとヒモのある靴と模様のある靴」
先　生「なるほど。さすが、そうだよね。
もし先生が『このクラスを2つに分けま

「ロジカルシンキング」というと多くの人の頭に浮かぶのが「MECE（ミーシー、ミッシー）」ではないでしょうか。多くの社会人向けロジカルシンキング解説書でもメインのパートにそえられています。

「ＭＥＣＥ」は、「Mutually Exclusive and Collectively Exhaustive」の頭文字をとり、「相互に排他的な項目による完全な全体集合」を意味する言葉です。

もっと簡単にいえば、「モレることなく、重なることなく」情報整理をする手法として紹介・活用されます。

物事を分けるとき、重なりとモレがあると正しくカウントができません。そして、その間違ったカウントから発せられるメッセージでは意思の伝達をす、1つめのグループは男性グループ、もう1つのグループは子どものグループ』と言ったら何かおかしいかな？」

遥くん 「おかしい。ぼくは両方のグループに入ってしまう」

先　生 「そうですね。そうすると、公太くんが最後に言った『ヒモのある靴と模様のある靴』は、この3人だけのこのクラスを分けるには良いかもしれないけど、もっと大勢の人を分けるときには不便なのがわかるかな？」

公太くん 「あ、そうかそうか。わかった。おかしいです。ヒモがあって模様のある靴の人もいるかもしれないし、ヒモがなくて、模様もない靴の人もいるかもしれません」

十分に行なえません。

たとえば、コンビニエンスストアの本・雑誌の品ぞろえを報告する際に、

「とても豊富な品ぞろえがあるといえる。A新聞、B新聞に日刊Cスポーツ。あとは、週刊Dと月刊E。それに日刊Fスポーツもありました。さらに、GコミックスとHコミックスも置いていました。月刊Jと週刊Kも残っていました。L文庫とM文庫もありました」

と伝えるよりも、

「大きく分けて2種類に分けられます。**定期刊行**される新聞、雑誌と**不定期刊行**の文庫、書籍があります」

と伝えることで、棚の配置やターゲットの決定等マーケティングへの示唆が生まれます。

クラスを２つに分けるには……

先　生「そうですね、今日のテーマはまさに、そこです。物事を分ける方法を考えます」

一見脈絡なく見える言葉を分けるには

先　生「では、次に書いてある言葉を2つのグループに分けてみてください」

食べ物　サッカー　食パン　本　絵本　マンガ
小説　入れ物　コップ　りんご　野球　スポーツ　お茶わん　テニス

公太くん「できました！」

先　生「できたらつくったグループに「○○グループ」というグループ名をつけてみて

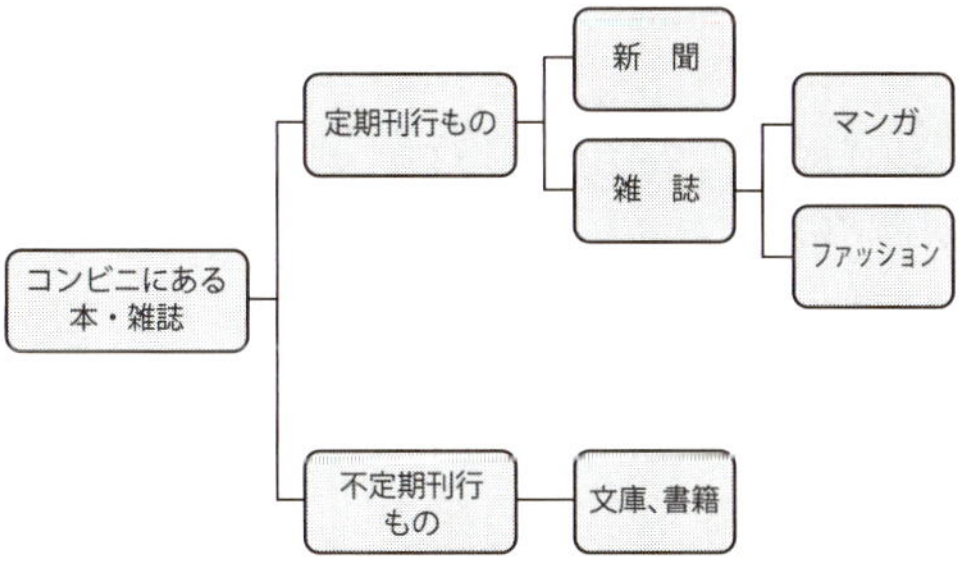

経営コンサルタントや弁護士、会計士、マーケティング職など、企業経営者、政策決定従事者など、分析から示

くださいJ

公太くん「こうやって分けました」

①食べ物グループ
たべもの　食パン　りんご
②食べられない物グループ
サッカー、本、絵本、マンガ、小説、いれもの、コップ、野球、スポーツ、お茶わん、テニス

先　生「なるほどなるほど。面白いですね。分けた理由もよくわかります」

唆を生み出すことを生業《せいぎょう》とし、情報を元に正しく判断をすることを日々行なう人々にとって、扱う情報が「MECEであるかどうか」はとても重要です。情報の全体像を正しく把握する道具がMECEだからです。

　それがゆえにこのMECEは思考やコミニュケーションを学ぶ際に多く取り上げられ、時として、「ロジカルシンキング＝MECE」として扱われます。

　しかし本来MECEというのはロジカルシンキングの一手法です。「AだからB」という因果関係をより明確にするための道具であり、ロジカルシンキングという木全体の枝の部分である点は見失わないようにしてほしいと思います。

マンガと食パンは全然違うように見えるが……

先　生「公太くんのグループ分けはもちろん間違っていませんし、大事なことは『僕はこのように分ける』と考えることです。そもそものの分け方に正解はありませんね。
もちろん正解はないのですが、今日みなさんに考えてほしい、そして覚えてほしい分け方は次のような分け方です。次の分け方を見てください」

グループ1
食べ物　本　入れ物　スポーツ
グループ2
マンガ、食パン、絵本、小説、りんご、コップ、野球、サッカー、お茶わん、テニス

先　生　「これはどうやって分けているかわかるかな？」

遥くん　「うーん、テキトウ？」

公太くん　「おかしいよ、これ、マンガと食パンって全然違うよ」

「大きなグループ」と「その中に入るもの」

先　生　「では、ヒントとして先生が今から2つの文章を読みます。最初に読む文章は人に伝わりやすい文章、後に読むのは伝わりにくい文章です。

「先生の好きなことは食べものを食べることと、スポーツをすることです。」
「先生の好きなことは食べものを食べることと、食パンを食べることです。」

遥くん　「食べものを食べることと食パンを食べることっておかしくない？　結局何が好きな……、あ！　さっきのわかっちゃいました。さっき先生が書いたグループ分けは、『大きなグループ』と、『グループの中に入るもの』で分けているのですね」

先生 「よく気づきました。

ここで気づいてほしかったのは、世の中の物事は、それをまとめるグループがあり、さらにそのグループをまとめるグループがあります。そのまとめの大きさが違うものを並べて考えると、いったい何のことを話しているのか、いったいいくつのことを話しているのか伝わらなくなってしまいます。

では、次のそれぞれがわかりにくい理由を発表してください」

映画がヒットしない理由

映画「ロジオくんの大冒険」がヒットしない理由

- 面白くない
- チケットが他の映画に比べて高い
- ストーリーがよくあるパターンになっている

大きさのちがうものを並べている例

図書館にはいろんな本があるんだ。物語があったり、
説明文があったり、分厚い本があったり、
薄い本があったり、写真集があったり、
マンガがあったり、外国の本があったりするよね。

わたしの好物はお肉と、麺と、
ハンバーグです。

ぼくが将来なりたいものは、2 つあるのさ。
いっこはお金持ちになりたい。
もういっこの夢はお医者さんになりたいんだよね。

え、ぼくの苦手科目？　そうだなあ、
国語と理科と、あと記述問題が
苦手だな。

遥くん　「『面白くない』というのはなんだかすごく漠然《ばくぜん》としているなあ」

真菜さん　「『ストーリーがよくあるパターン』だから面白くなくなっているんだよね。これって並べていいものなんだろうか」

先　生　「なるほど。そうですね。原因と結果の関係ですね」

公太くん　「『僕がケーキを好きな理由は2つあります。1つは『甘いこと』、もう1つは『おいしいこと』と言っているようなものだよね。甘くて、それが理由でおいしいと感じるのだものね。それらを『2つ』と数えるのはおかしいよね」

先　生　「もう十分わかっているみたいですね」

② 階層構造をいつでも図示できるようにしよう

好きなことは13個!?

先生「次の文を読んでロジオくんの好きなことがいくつあるか考えてください」

ロジオ「僕は、マンガを読むことと、絵本を読むことと、本を読むことと、小説を読むことが好きです。他にも、音楽をきくことやテレビでアニメを見ること、テレビでサッカーの試合を見ること、サッカーをすること、野球をするこ

多くの生徒が文章に出てきた順に「好きなこと」を数え、「13個です!」と発表してくれます。しかし、それではロジオくんの好きなことを把握したことにはなりません。

もし正解というものをつくるとしたら、「大きく分けて5つ、細かく分けると11個」となります。

この大きく分けた物事ができるだけ「モレなくダブりなく」分かれていることに注意しましょう。

せっかく「大きく分けていくつ」と説明しても、その分け方にダブりがあったり、明らかな抜け、モレがあったりすれば聞いている人、読んでいる人は混乱し、メッセージは伝わりません。

と、スポーツをすること、ドッジボールをすること、キックベースをすることが好きです。あとは、おかしを食べることも好きなことです」

公太くん「13個!」

「でも13個も好きなことがあるってすごいよね」

真菜さん「たしかに多すぎるかも……」

遥くん「うん? ちょっと待てよ……。スポーツとサッカーを両方数えていいのかな……」

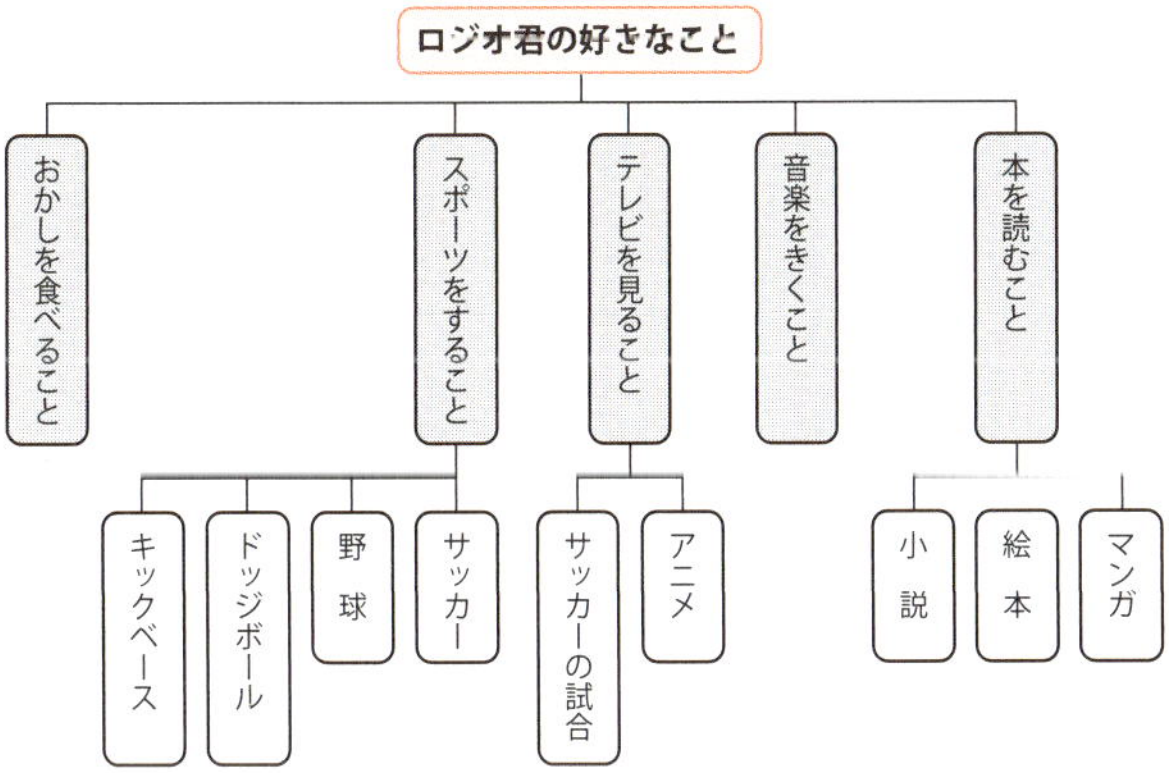

ビジネスの世界でも学問の世界でも「説明」をわかりにくくしているのは、いくつのことを表しているのかがわかりにくいことです。

逆に、「この要点は2つあります」「大きく分けて3つのことが問題点です」というように、いくつのことを述べるか宣言することで説明をわかりやすくする方法を「ナンバリング」といい、多くの本や講習会でプレゼンテーションスキルとして紹介されています。

話の冒頭でいくつのことがあると宣言するのは、聞いている人、読んでいる人の頭の中に、ピラミッド図を描かせていることに他なりません。

ピラミッド構成がわかるように、相手に伝える

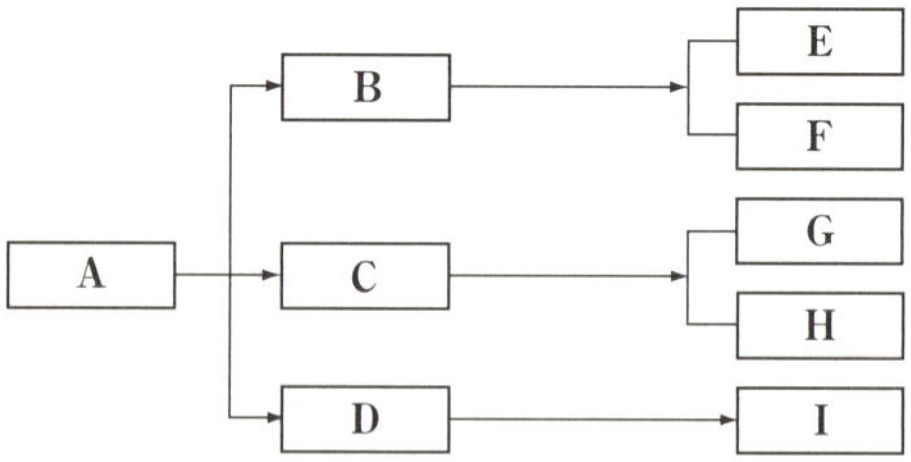

わたしが、A だと思う理由は、大きく分けて3つあって、1つはBであること、2つ目は、C であること、そして3つ目はD であることです。B であるということは、E だということで、また F だということです。2つ目の C であるということは、G であり、また H であるということです。また、3つ目の D であるということは、つまり I であるということです。

「×× は大きく分けて○つあって、1つ目は……、2つ目は……、3つ目は……、……」という言い方を覚えて下さい。

③文章を構造化して考える

文章はピラミッドにできる

先生　「文章や話を、線や枠を使って、その内容のつながり方を目で見てわかるようにすることを『構造化する』といいます。

何行かにわたる文章を読むよりも、ピラミッドのかたちになったものを見れば、すぐにどういう文章なのかがわかりますよね。

文章を読んだり、人の話を聞いたりする際に、ピラミッドでまとめられるようになるのがみなさんの目標です。

文章を構造化するとわかりやすくなる

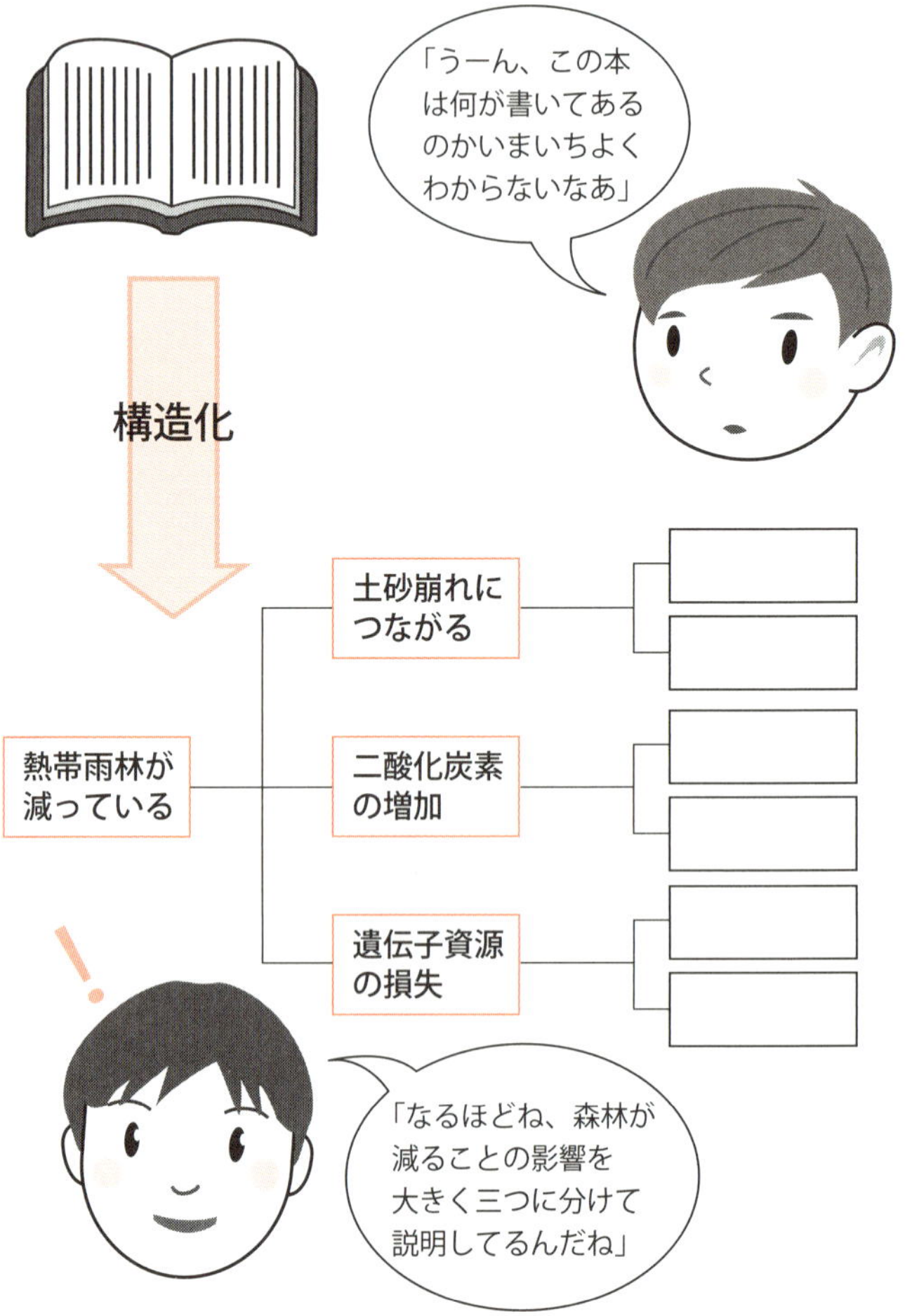
「うーん、この本は何が書いてあるのかいまいちよくわからないなあ」
構造化
熱帯雨林が減っている
土砂崩れにつながる
二酸化炭素の増加
遺伝子資源の損失
「なるほどね、森林が減ることの影響を大きく三つに分けて説明してるんだね」

さらに慣れてくれば、読みながら、聞きながら頭の中でピラミッドの形が思い浮かびます。そこまでいけば、どんな難しい話も文章でも内容を理解することがぐっと簡単になります」

構造化するときは、ダブりに注意する

先生「それでは次の文章を構造化してみてください」

血液《けつえき》は、わたしたちが生きていくうえで大切なはたらきをしています。体中に流れて、必要な栄養分をはこんだり、いらなくなったものを別のところにはこんだりします。また、肺《はい》に

構造化による文章・事象の把握、論点整理は大人の世界でもよく使われます。漠然と「会社を成長させる」という大きな目標があるとします。この目標から、「売上を増やすために営業社員を増やす」というような思いつきに近いアイデアをいくら出しても具体的な行動にはつながりません。まず、「会社の成長」を「利益の増加」と定義し、利益がどういった構成要素からできているのかを考えます。

構造化はまさに整理整頓《せいとん》されたかたちで事象を具体的にする作業です。

これにより、「会社を成長させるためには」という漠然とした課題からは生まれてこない、具体的なアクションになり得る論点が生まれます。また、構造化することで問題の全体を俯瞰《ふかん》する

入った新鮮《しんせん》な酸素《さんそ》を体のすみずみに送り、不要になった二酸化炭素《にさんかたんそ》を肺にもどします。ほかにも、血液は、病原体やウィルスなど病気のもととなるものを攻撃し、体からまもります。血液によってはこばれる栄養分は、たんぱく質《しつ》、糖《とう》分《ぶん》、脂肪《しぼう》などです。

公太くん「できた。こんな感じでどう？」

ことにもつながります。

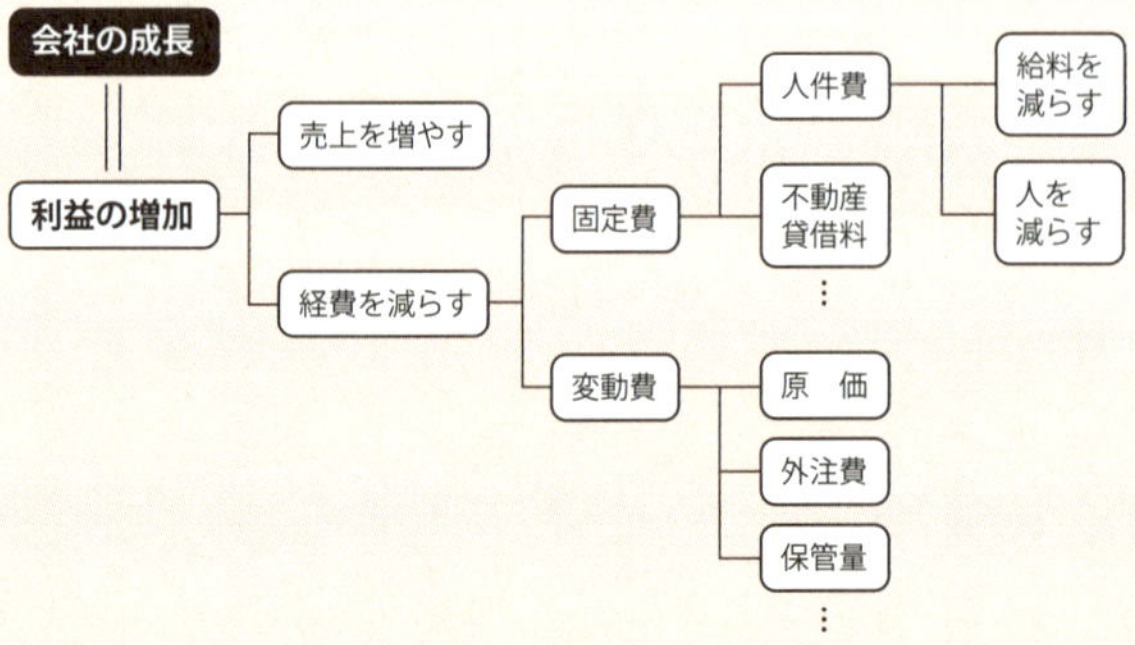

会社の成長
利益の増加
売上を増やす
経費を減らす
固定費
変動費
人件費
不動産貸借料
原　価
外注費
保管量
給料を減らす
人を減らす

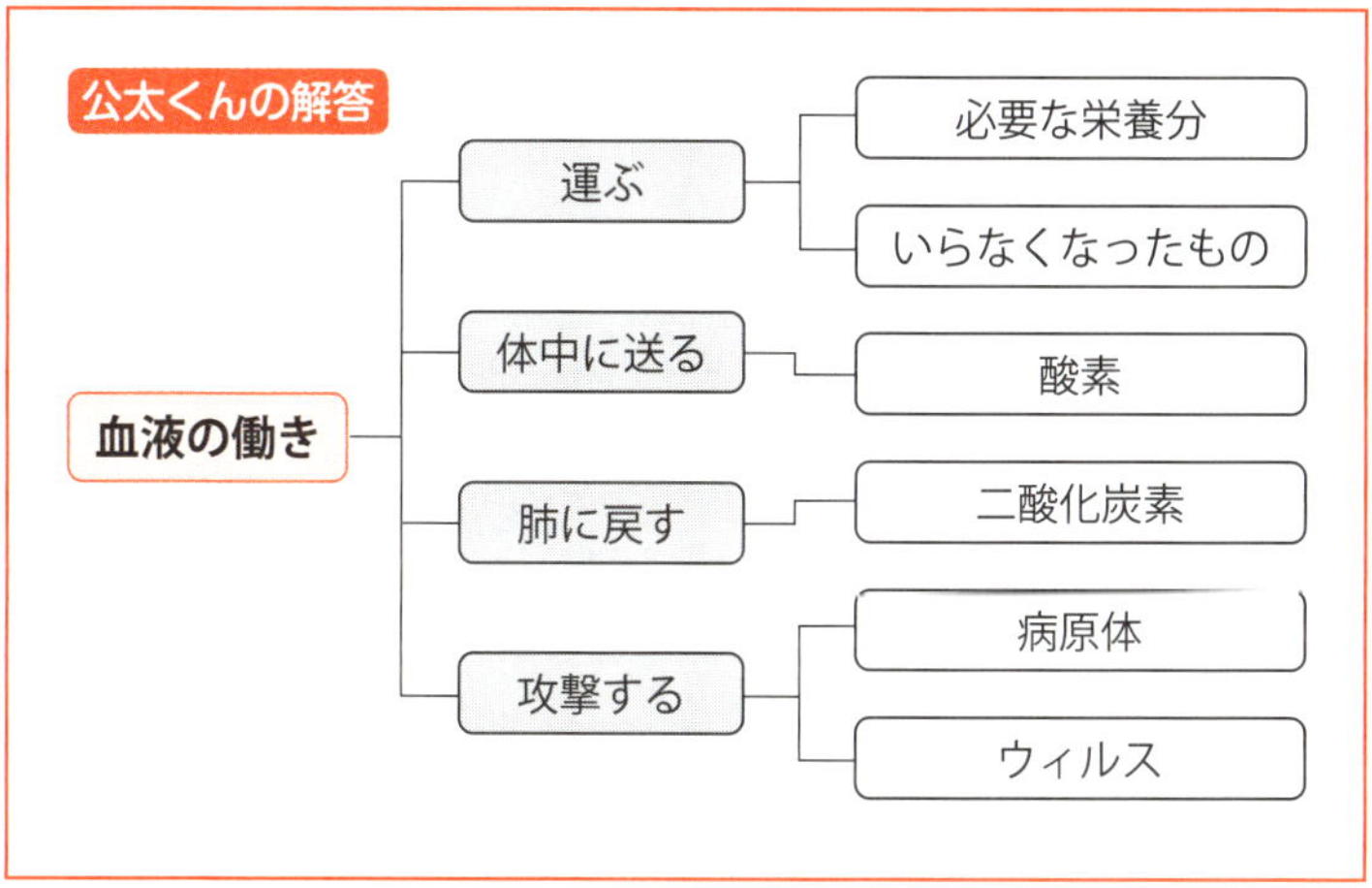
公太くんの解答
血液の働き
運ぶ
体中に送る
肺に戻す
攻撃する
必要な栄養分
いらなくなったもの
酸素
二酸化炭素
病原体
ウィルス

誰も考えつかなかったアイデアとは、結局物事をきちんと整理して俯瞰した人が見つけることが多くあります。世間一般でいう「独創的な発想」を生む力と、論理構成をつくる力が二律背反のものではないのです。

ロジカルシンキングと「豊かな発想」「独創的な考え」は水と油のように捉えられることが多いと感じます。

小学生にロジカルシンキングを指導していると言うと、多くの方から「小学生にロジカルシンキングなんぞを教えたら型にはまったつまらない子になるのでは？」という心配のお声をもらいます。

入塾する際にもそういった心配を吐露されるお母さん方もいらっしゃいます。

先生「重なりがあるのはわかりますか？体中に送ったり、肺にもどしたりというのは、結局のところ何かを運んでいますよね。

この文章に書いてある血液の働きは大きく2つの働きに分けることができると考えてみてください」

真菜さん「わかった。できました」

果たしてそうなのか、またなぜそのようにとらえられているのかを165ページで考えてみたいと思います。

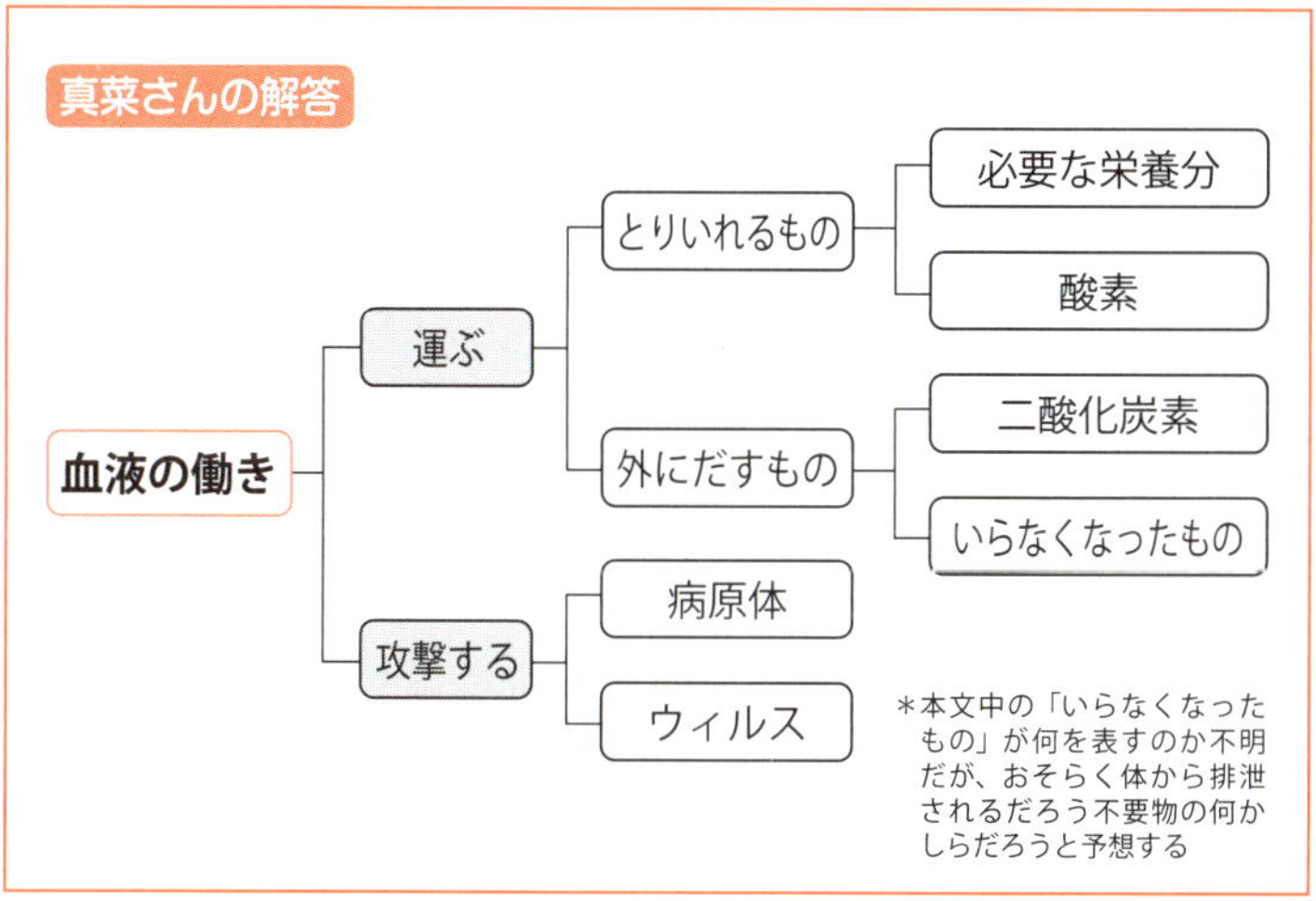
真菜さんの解答
血液の働き
運ぶ
攻撃する
とりいれるもの
外にだすもの
病原体
ウィルス
必要な栄養分
酸素
二酸化炭素
いらなくなったもの
＊本文中の「いらなくなったもの」が何を表すのか不明だが、おそらく体から排泄されるだろう不要物の何かしらだろうと予想する

文章はピラミッドにするとわかりやすくなる

公太くん「構造化するとその文章に何が書いてあるかよくわかるかも」

先　生「そのとおりですよね。構造化するというのはすなわち、文章中の内容がどういうつながりで書かれているかを見抜くことです。これはまさに、文章を理解することです。

先生も今でも難しい文章を読むときはノートにピラミッドを書いて整理しながら読んでいます。

受験を控えた教室の6年生もすごい速さで入試問題の内容を構造化します。すばやく段落の関係性を理解し、文章の内容を把握する方法として構造化ほど便利なものはないと思います」

文章を構造化する練習

先生「いくつか文章を構造化する練習をしてみましょう。一読するだけでは何が書いてあるのか把握しにくい文章でも、構造化することで『何が書いてあるか』がわかることを意識してやってみましょう」

（文章1）
森林の木の葉は、空気中の二酸化炭素《にさんかたんそ》を吸い、わたしたちに必要な酸素《さんそ》をだしています。でも、森林の働《はたら》きはそればかりではありません。工場からだされるけむりや自動車の排《はい》ガスなど、人間にとって害になる物質《ぶっしつ》も吸《きゅう》収《しゅう》してくれるのです。つまり、森林は人間の健康に役立っているのです。

模範解答

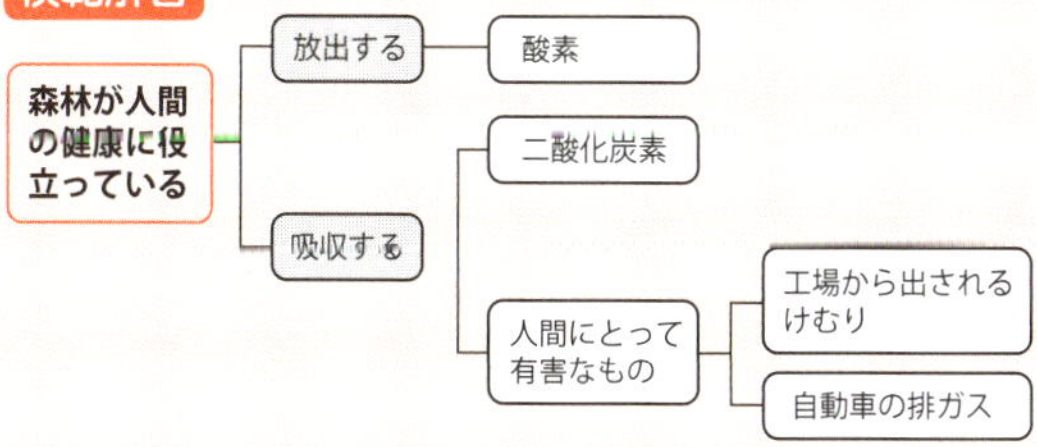
森林が人間の健康に役立っている
放出する
酸素
吸収する
二酸化炭素
人間にとって有害なもの
工場から出されるけむり
自動車の排ガス

（文章2）

みかんといえば普通《ふつう》、温州《うんしゅう》みかんを指します。温州みかんにはいろいろな種類があります。一番早くとれるものは極早生《ごくわせ》、次が早生《わせ》、中生《なかて》、そして最後にとれるのが普通温州です。極早生はみかんの本来の旬《しゅん》の時期よりも早くお店に出すことで、高く売ることができます。普通温州は本来のみかんの旬の時期に収穫《しゅうかく》され、1月以降《いこう》にお店にならびます。極早生には「宮本早生」「日南1号」などの品種があります。普通温州には「青島温州」「大津4号」などがあります。みかんは主に、和歌山《わかやま》県や愛《え》媛《ひめ》県、静岡県で生産されていて、和歌山県が生産量第1位です。

模範解答

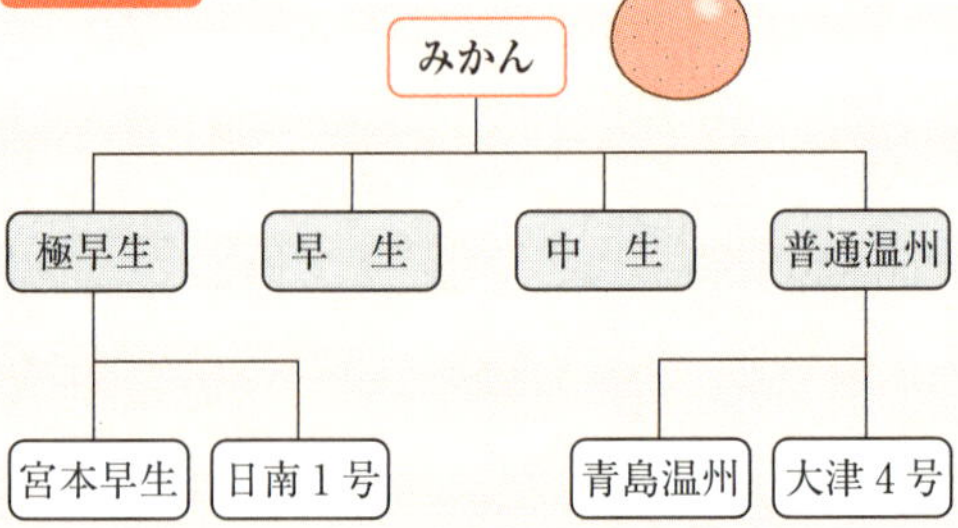

（文章3）

「趣味は何ですか？」と聞けば多くの人がスポーツと答えます。日曜に公園に行けば、走ったり、ボールをなげたり、ラケットをふっている老若男女《ろうにゃくなんにょ》のすがたを目にすることでしょう。そんな中でも特に人気なのがサッカーです。サッカーが人気な理由はいくつかあります。まず、サッカーが、はば広い人々が楽しめるということが大きな理由でしょう。若《わか》い人から、年配の人までそれぞれ楽しんでいるのをみかけます。また、男性でも女性でも大きな大会があり、区別なく楽しめるところも魅力でしょう。ほかにも、準備《じゅんび》が少なくてすむというところも大きな理由です。ボール以外の道具はいらないので、どこでも気軽に遊べるということです。また、特別なトレーニングも必要なく、だれでも気軽に参加できる点があります。サッカーをやっていると、走ったり、歩いたり、止まったりという運動をくり返すことができ健康維持《いじ》にも適《てき》しています。

生徒の解答例

- サッカーが人気な理由
  - 幅広い人が楽しめる
    - 年配の人
    - 若い人
  - 性別を選ばない
    - 男性
    - 女性
  - 準備が少ない
  - トレーニングがいらない

年齢を選ばないこと、性別を選ばないことは、「幅広い人ができる」ということにまとめられる

まとめられる

「健康維持に役立つ」という内容がもれている

先生が構造化してみたもの

- サッカーが人気な理由
  - はば広い人が楽しめる
    - どの年齢《れい》でも
    - 男女問わず
  - 必要な準備が少ない
    - 特別なトレーニングがいらない
    - あまり道具がいらない
  - 健康維持によい

④「ロジカルシンキング」⇕「独創的な考え」？

電力不足を乗り切るアイデアを出そう

先　生「テレビや新聞でこれから電力不足になると言ってるけど、私たちはどうすればいいかな、アイデアを考えてみましょう」

公太くん「電気をあまり使わない生活をする」

真菜さん「今はまだあまり使われていない、太陽光発電や風力発電を増やせばいいのではないかな。自然エネルギーは環境に影響も少ないし」

遥くん「でも火力以外の発電方法ってあまり電気つくれないらしいよ。原子力発電はたくさん電気をつくれるけれど事故になったときとても困るから発電所の数を増やせないっていうし」

公太くん「やっぱりあまり使わないのが一番ではないかな」

電気を買ってくるというアイデア

遥くん「**電気を海外から買うのはどう？**」

公太くん「そんなことできるの？」

遥くん「だってうちらだって電力会社から電気買ってるのだからできるはずだよね」

真菜さん「でも電気って遠くから運ぶのがとても難しいらしいよ。長時間電気をためておくことはまだできないのだって」

公太くん「**それなら、長い期間電池をためられるバッテリーをつくるのに全力をあげるという方法もあるよ。そのバッテリー自体を海外に売れば『日本すごい』ってなるだろうし**」

この話し合いで、話を盛り上げ、そして一つの結論に導いたのは間違いなく遥くんであるといえるのではないでしょうか。

その結論に現実性があるかどうかはこの話し合いでは不明ですが、少なくとも「それは面白いアイデアだ」と周囲が感じ、そしてそこから新しいアイデアや結論が導かれます。遥くんの「電気を買う」という考えは、いろいろな方法で電気をつくり出すというアイデアだけではなく、手元の電気を増やすという方法に広がりを持たせる大きな意味があります。遥くんの意見をアイスブレ

石油をつくるという発想

真菜さん「でもさ、石油がたくさんあれば電気はいっぱいつくれるのでしょう?」
公太くん「石油はあと50年でなくなっちゃうらしいよ」
遥くん「**でもさ、石油は生物の死骸《しがい》が何万年もかけて分解されてできるんだから、生物の死骸からすぐに石油をつくることができる技術があれば別に風力発電とかしなくていいんじゃないの?**」
公太くん「なるほど。そう言われれば、そうかも。『石油がなくなる』って心配しなくていいわけか」

イクに、公太くんが「手元の電気を増やす」ためには、発電する量を増やすだけではなく、ためておくという広がりをつくりました。

最初の「火力発電がだめなら、風力にしよう、いや水力だ、いや、原子力だ」と発電の方法を議論している頃に比べれば大きな広がりを得ました。

仮にこの話し合いを大人が観察していれば、遥くんや公太くんに対して「発想が豊か」「柔軟な発想を持っている」「アイデアマン」という評価がなされるでしょう。

電力不足対策の話から、「火力発電がだめなら、風力にしよう、いや水力だ、いや、原子力だ」という話で終わることなく、発想が大きく広がったのがわかりますか。

実際に教室であった小学生のディスカッションの様子です。

CO_2のことや、技術の実現性はさておき、右の会話から引き続き遥くんに対して間違いなく「発想力がすごい」「他人と違う視点を持っている」という評価がなされるかと思います。

遥くんや公太くんは他人より「豊かな発想力」を持っているのでしょうか？

先天的に「頭がいい」のでしょうか？

みんなが発電方法のアイデアを羅列する中で「電気を買う」というアイデアを、遥くんが持てたのは、決して「頭がいい」からではありません。「電気を手に入れる」という事象を「自分でつくる」「他人から得る」と大きく2つに分けて、考えることができたからです。

また、公太くんは「電気をつくる」「電気をためておく」という2つの事象に分けて考えたということがわかります。

遥くんが考えたこと

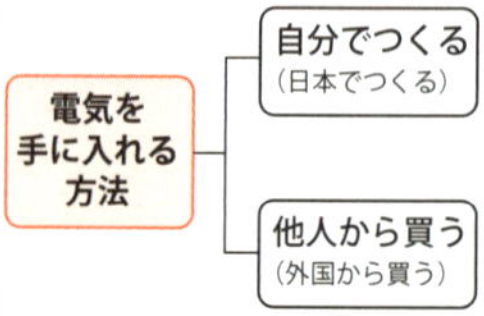
電気を手に入れる方法
自分でつくる
(日本でつくる)
他人から買う
(外国から買う)

公太くんが考えたこと

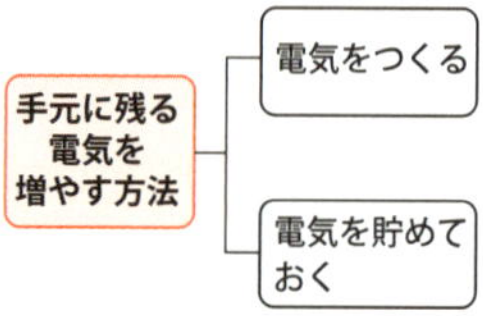
手元に残る電気を増やす方法
電気をつくる
電気を貯めておく

さらに遥くんは、石油が足りないということから、手元の石油を得るという事を、「石油消費を減らす」「石油の生産を増やす」という2つの事象に分けることで、「石油への分解を早めれば、とりあえず手元の石油は増える」と考えました。

遥くんが考えたこと

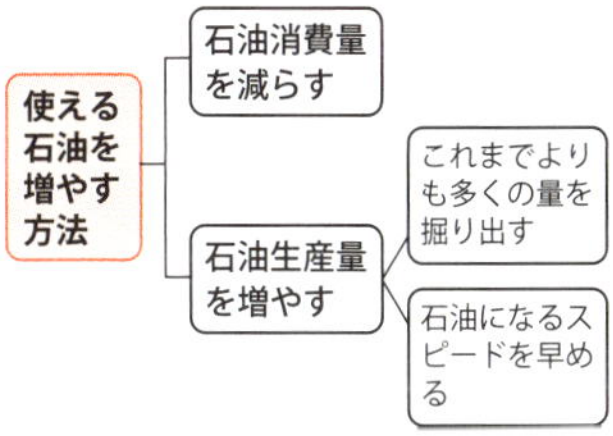
使える石油を増やす方法
石油消費量を減らす
石油生産量を増やす
これまでよりも多くの量を掘り出す
石油になるスピードを早める

遥くんや公太くんが行なったのは「物事を大きくいくつかの事象に分けて捉える」というロジカルシンキングで頻繁に扱う思考方法です。

われわれが「独創的なアイデア」「普通の人が考えつかなそうなアイデア」に触れるとき、そのアイデアがどういう仕組みで生まれたのかを知ることはまれです。どのように生まれたアイデアかわからないがゆえに、まるで天性の才能がなし得る神秘のごとく感じられてしまいます。

しかし、一見天性の才能がつくりうる独創的なアイデアも、きちっと整理された（理路整然とした）考える形式にのっとって生み出された結果であることが多々あります。

論理的に物事を考え、整理することで、アイデアは広がり、独創的（と思われる）考えまで思考が及ぶことがあります。

われわれ大人は、子どもを「右脳的か左脳的か」「理屈っぽいか思いつきか」「理性タイプか感情タイプか」とわかりやすい対立軸を使って安易に分類するのではなく、子どもがつくるアウトプット（判断だったり、アイデア）が、どういう思考経路でつくられたのかを知ろうと探求することから始めるべきなのです。

ロジムのロジカルシンキングで鍛えるような「論理思考力」と、世の中でいう「発想力」は、「AまたはB」というようなどちらか一方というものではありません。

「発想」を生むいくつかの方法の一つが「論理思考力」です。「論理思考力」を高める訓練ばかりではいけませんが、「論理思考力」を鍛えることで「発想力」を鈍らせるというのは大きな誤解だと思います。

5 構造化によってアイデアを精査する

お金持ちになるにはどうしたらいい？

先　生「次はお金持ちになる方法を考えてください」
公太くん「社長さんになる！」
真菜さん「医者になる！」
遥くん「どろぼうする！」
公太くん「え!?　そんなのあり!?」
遥くん「だってどろぼうしてもお金持ちになれるじゃん。ルパンとか」
真菜さん「たしかに……」
公太さん「え、じゃあ、べんごっ……」

先生「はい、このまま続けたらきっといろいろなアイデアがでてくると思うけど、ここで、『お金持ちになる方法』を構造化してみてください」

生徒の解答例

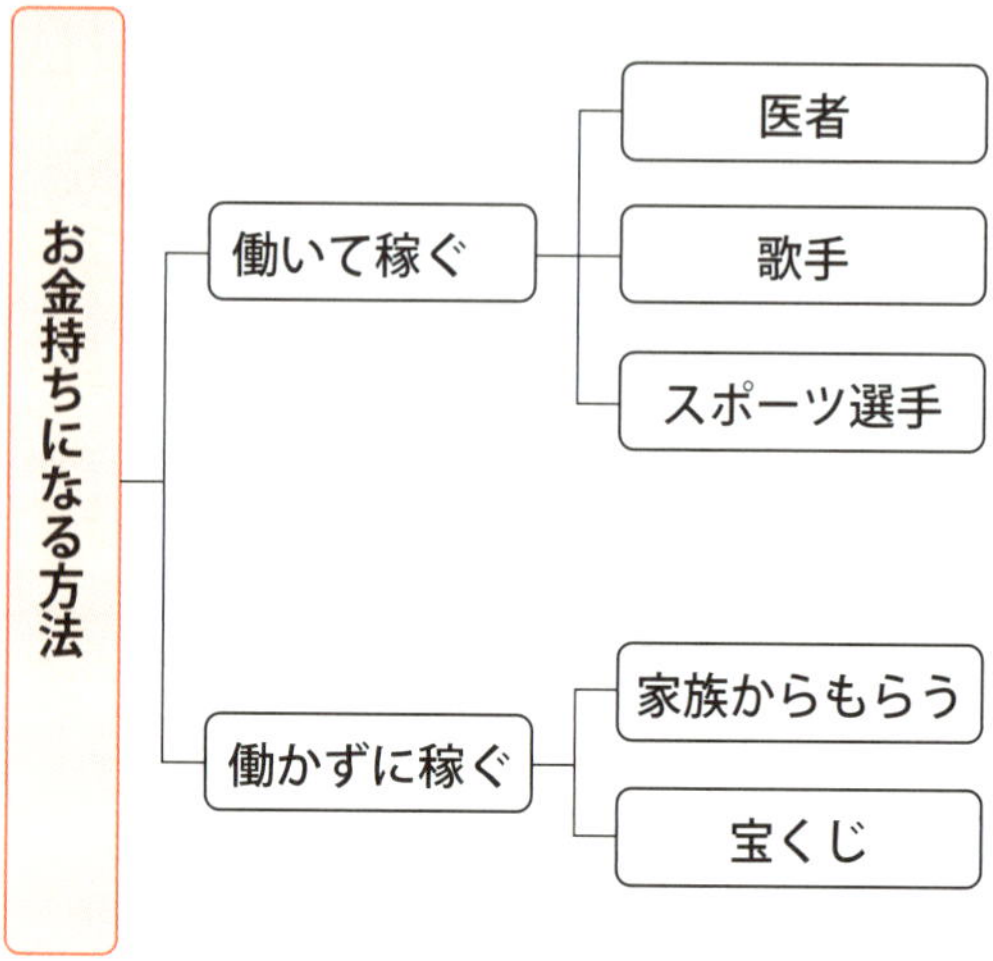

お金持ちになる方法
働いて稼ぐ
医者
歌手
スポーツ選手
働かずに稼ぐ
家族からもらう
宝くじ

165ページでも述べましたが、漠然としたアイデアを構造化することで、アイデアの抜け、モレと、ダブりを防ぐことができます。より網羅的で、より具体的なアイデアまで落とし込むことができます。これが構造化の大きな目的の一つです。

他にも、たとえば、「成績を上げるにはどうすればよいか」というテーマがあるとします。このテーマからやみくもに対策を考えると、

・たくさん勉強する
・長時間勉強する
・がんばる
・計算練習をする

お金持ちになる2つの方法

先生「たとえば本当は買うはずだった自転車を買うのをやめて、それを貯金した場合も、自転車を買ったときに比べて自転車の値段分、お金持ちになったと考えることができるよね？　そういうのは？」

遥くん「なるほど。お金持ちになるということを『手元のお金が増える』こととして考えるともう少しアイデアが出てくるかも」

先生「そう考えるとそもそもお金持ちになるって、大きく分けたらどういうこと？」

真菜さん「わかった。稼ぐことと、ためることだ」

先生「なるほど。面白い。では、もう一度『お金持ちになる』というのを大きく2つに分けて構造化して

といった、行動に結びつかない漠然としたものになるか、「それだけ？」「他には？」というような瑣末《さまつ》なアイデアが羅列されます。

「成績を上げる」という大きな目標から具体的なアクションプランをつくるのではなく、まず「成績を上げる」という事象がどのように構成されているのかを構造化し、それからその各々について具体的な対策や方法を考えることでより解決に向けて前進します。

みてください」

「お金持ちになる方法」の構造化例

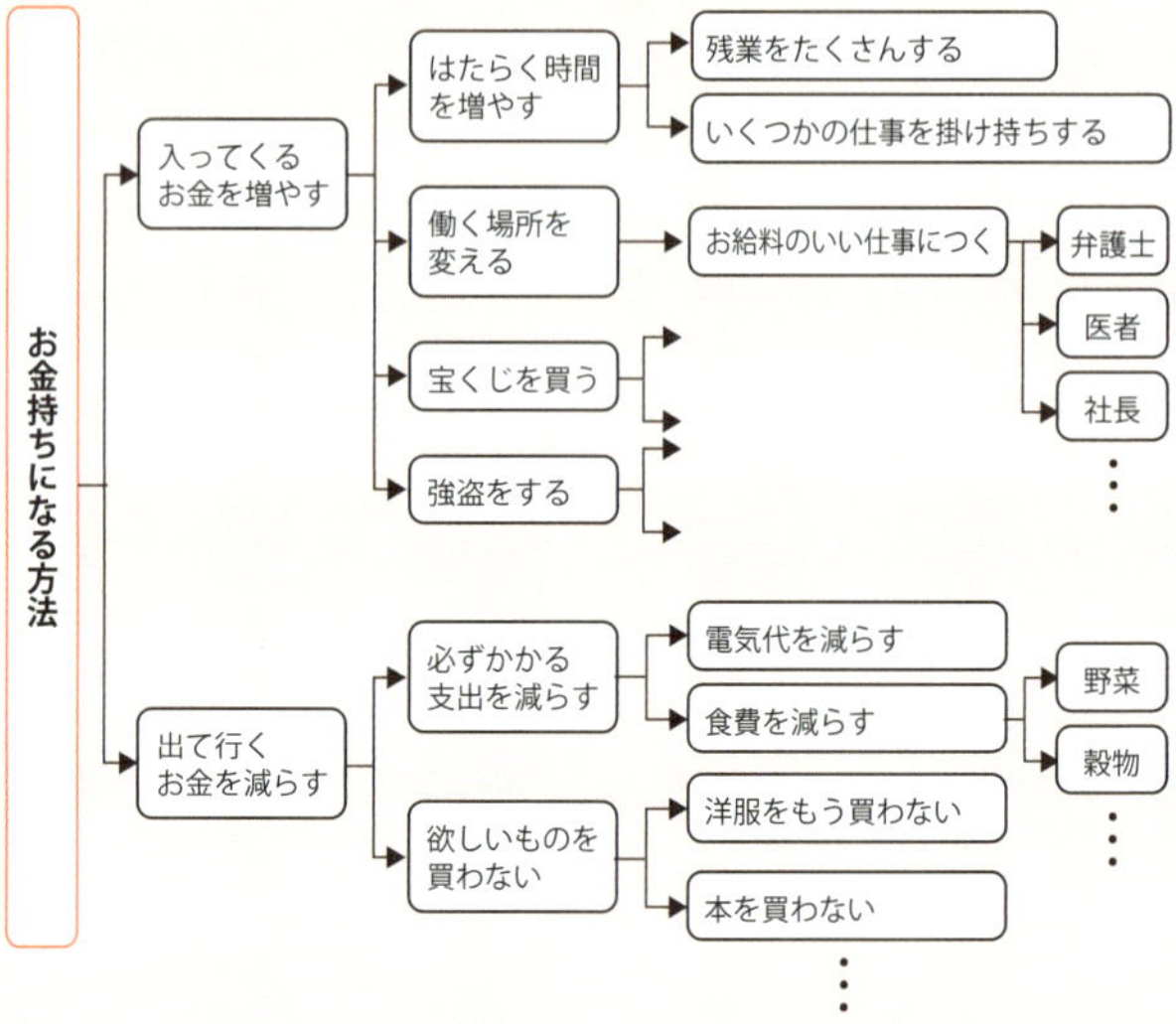

お金持ちになる方法
入ってくるお金を増やす
はたらく時間を増やす
残業をたくさんする
いくつかの仕事を掛け持ちする
働く場所を変える
お給料のいい仕事につく
弁護士
医者
社長
宝くじを買う
強盗をする
出て行くお金を減らす
必ずかかる支出を減らす
電気代を減らす
食費を減らす
野菜
穀物
欲しいものを買わない
洋服をもう買わない
本を買わない

成績を上げる方法の解答例

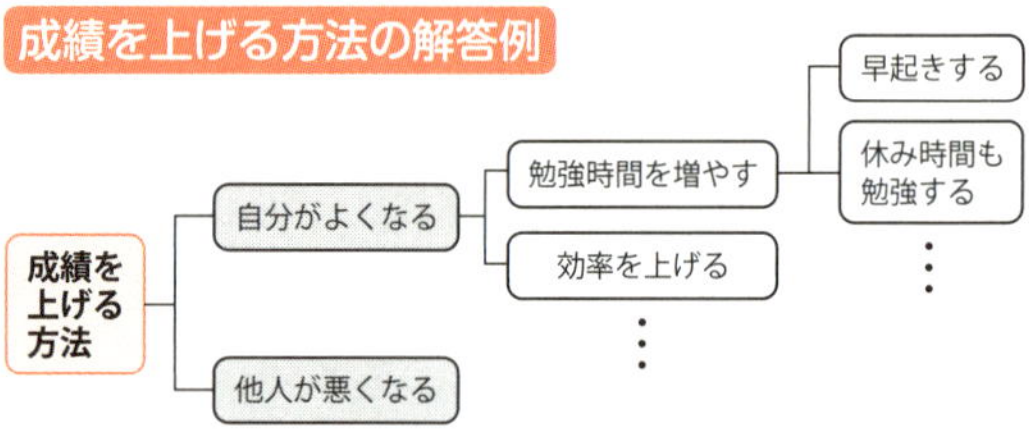

成績を上げる方法
自分がよくなる
勉強時間を増やす
早起きする
休み時間も勉強する
効率を上げる
他人が悪くなる

⑥ 構造化して言いたいことを伝わりやすくする

ご意見ボックスの意見を報告しよう

先生　「何のために構造化をするのかがだんだんわかってきたと思います。もう少し練習してみましょうか。

よくお店に『ご意見ボックス』というのがあるのを知っていますか？　お店についての意見をお店に来た人に書いてもらい、お店の人はそのお店をより人気のあるお店にするための参考にします。これを見てください。とある本屋さんに15個ほど、意見が寄せられました。

1. 品ぞろえが豊富《ほうふ》である
2. 店内が広々している
3. 店員のあいさつがしっかりしている
4. レジが少なく、よく待たされる
5. 床がすべりやすい
6. ATMが設置されていて、便利である
7. 家の近くにあり、すぐ行ける
8. 店員が少なく、質問しづらい
9. 24時間365日開店している
10. 駐車場《ちゅうしゃじょう》がなくて、車で行けない
11. 公共料金の支払いができる
12. 食品に添加物《てんかぶつ》が使われていなくて、安心である
13. 会計が速くて正確である
14. 店員の身だしなみが清潔《せいけつ》である
15. 立ち読みが禁止《きんし》されていることが不満である

物事をすばやく分解する能力は、即アイデアの豊富さやわかりやすさにつながります。

ですから、まずは多くの分解の切り口パターンを知っておくことです。

ある程度、切り分けの方法を知ればそれを武器として、とある事象がそもそもどんな構成要素からできているのか俯瞰して考えることができます。

上の例では、
・良いこと、悪いこと
・人についてのこと、物についてのこと
という切り口で分けられ

みなさんがこの本屋さんの店員さんだとします。そしてみなさんの仕事は、ご意見ボックスの中にはどんな意見があったか社長さんに報告することです。さて、どうやって報告しますか?」

箇条書きの羅列は頭に入りにくい

公太くん 「社長! 意見ボックスにあった意見を報告します。全部で15個ありました。まず、品ぞろえが豊富なこと、次に、店内が広々としていること、それに、店員のあいさつがしっかりしていること、そして……」

先　生 「報告終わりましたか? で、どんな意見が多かったのでしたっけ?」

公太くん 「ではもう一回言います。まず、品揃えが豊富なこ

ます。

この他にも、存在する場所で分けたり、過去現在未来という時間軸で分けたり、科目で分けたりetc。できるだけ多くの分け方を頭にストックしておくことで物事をもれなくダブりなく整理するということが自然にできるようになります。

社会人の世界では、利益を売上と費用に分けたり、会社を分析するために、「3つのC(カスタマー〈顧客の特徴〉、カンパニー〈自社の特徴〉、コンペティター〈競合の特徴〉)」に分けたり、また営業に関しては「4つのP(プライス〈価格〉、プロモー

と、次に、店内が広々としていること、それに、店員のあいさつがしっかりしていること、そして……」

先　生「はい、ありがとう。そこまででいいですよ。全部で15個と最初にいくつの意見なのか『全体像』を教えてくれたのはとてもよかったと思います。しかし、15個の意見をそのまま順番に言われて頭に入る人はそういないと思いますよ。真菜さん、15個の意見って何があったか覚えていますか？」

真菜さん「床がすべりやすいこと」

先　生「ありましたね。他には？」

真菜さん「覚えていません……。何でしたっけ」

先　生「そうなのですよ。箇条書きはとてもとても便利ですが15個の内容を次から次に言われたら、やはりわからなくなってしまいます。せっかくのアン

ション〈販促〉、プロダクト〈製品〉、プレイス〈流通〉で分けたりして考えるのは、なじみのある方も多いかと思います。

教室で小学生がやっている切り口を身につけるトレーニングを紹介します。

「次の物事を2つ以上の切り口で分けなさい」

■生き物
■飲み物
■学校
■人間
■電気製品
■お金

ケートなのにそれが本屋さんを良くするのに使われなくては意味がありませんよね」

遥くん「工夫して説明しなさいということですね」

先　生「そうです」

大きく分類してみよう

先　生「せっかく構造化する練習をしているのですから、このアンケートを大きく2つのグループに分けてみませんか」

真菜さん「わかった。良いことと悪いことだ。ほめられてることと、もっと良くすべきところともいえる」

先　生「なるほど。他にはどうかな。構造化の練習を思い出してください」

遥くん「人についてのことと、物や建物についてのことにも分けられます」

先　生「すばらしい。そうですね。よくソフトとハードといったりしますが、その分け方を考えられたのはすばらしいです」

⑦ 発表のコツは「大きくいくつ」のかたちで伝えること

「大きく分けて……」を使って発表する

先生 「何か物事を伝えるときには、できるだけ整理して伝えるほうが聞いている人にとってわかりやすい、つまり聞き手に伝わりやすいというのはわかりますよね。

何か物事をモレとダブりに注意して切り分けることで、物事が伝わりやすくなることもわかってくれたと思います。

そこでこれを生かした発表のコツを覚えてもらいましょうか。

何かを伝えるときに、

『××は、大きく分けて○つあります。
1つは＋＋＋です。
もう1つは＋＋＋＋です。
1つ目の＋＋＋の中には……』

という言い方で相手に伝える方法があります」

「大きく分けていくつ」の言い方だけでなく、小学生は一度覚えたロジカルシンキングの作法やフレームをいろいろな場所で使いたがるものです。小学生が「これは使える」「使ったらたしかにわかりやすい」と思えば思うほど、より多くの場所で使おうとします。

もちろんこれは悪いことではありません。

しかし、どうしても使う場所を間違えることで友達や家族の人との会話に「トゲ」が生まれてしまうことがあります。

学校、塾の指導者、そして保護者は、ロジカルであるべ

ピラミッド構成がわかるように、相手に伝える

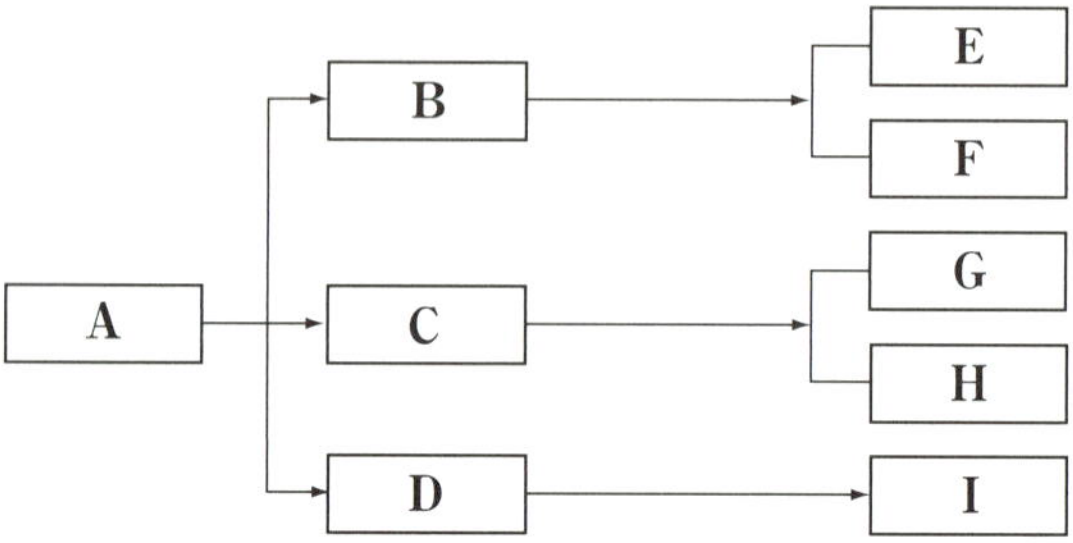

わたしが、A だと思う理由は、大きく分けて３つあって、１つは、B であること、２つ目は、C であること、そして３つ目は D であることです。B であるということは、E だということで、また F だということです。２つ目の C であるということは、G であり、また H であるということです。また、３つ目の D であるということは、つまり I であるということです。

「○× は大きく分けていくつあって、１つ目は……、２つ目は……、３つ目は……、……」という言い方を覚えてください。

きときとそうでないときがあることを教え、また、小学生が学習したロジカルシンキングを思う存分発揮できる場所を設定してあげることが重要であると思います。

そもそも小学生の日常は、共通の前提に依《よ》ったコミュニケーションが中心です。共通の前提を持たない〝第三者〟が現れ、そしてその〝第三者〟に対し自分の意思を伝え、要求を通すという機会が大変少ないということは、過去に小学生であったみなさんなら納得のいくところでしょう。

こういった「共通の前提に

公太くん「あ、構造化だ」

先　生「そのとおり。話を構造化したかたちで相手に伝える方法です。この方法で話すと聞いている人の頭に自然と『ピラミッド』が描かれます」

真菜さん「なるほどね。それはわかりやすいかも」

公太くん「誰とはいわないけど、朝礼の話が長くて、何が言いたいのかよくわからなくてほんとにつらいなと感じることがあるよ。言いたいことをピラミッドで構造化して体育館のスクリーンに写してくれたらどんなにいいかと思っていたところだよ」

先　生「まあ、お話の内容によっては構造化した状態で話すと面白くなくなってしまうことがあるよね。たとえば、『桃太郎は鬼を退治しました。桃太郎が鬼を退治するためにやったことは大きく分けて3つあります。1つは……』というようなお話では、

拠りかかった」小学生の環境に、そもそも暗黙の了解を減らすことでわかりやすさを追求するロジカルシンキングがそぐわないことは多くあります。

話の最初に全体を話してしまうので、あまりワクワクしなく、面白くないと感じる人は増えるかもしれませんね」

公太くん「たしかに」

先　生「何かを整理して伝える必要があるときには、この『〜は大きく分けていくつあります。』の言い方はとても役に立ちます。試しにやってみましょう」

テーマ例

- 今日学校であったこと
- 好きな本の種類
- 遅刻《ちこく》してしまう理由

先　生「大きく分けた1つ目と2つ目に『ダブり』がないよう注意してみてください。ここでもできるだけ『モレなくダブりなく』を意識してみるとみなさんの話が伝わりやすくなります」

おわりに

２００4年1月初旬、年明けの余韻が街を包む中、私は当時在籍していた外資系のコンサルティング会社の同僚、先輩そして人事部の人と食事をしていました。今後どういうキャリアパスを描きたいか、今後どういったプロジェクトに参加したいかといったことを話す、半ば人事面談のようなものでした。優秀で自信満々の同僚や先輩のキラキラした瞳に同調するように気持ちは高揚していましたが、どこかでもっと自分にしかできないことをやりたいなという不遜な想いを抱いていたのを覚えています。

そんな会の途中、当時別の会社でコンサルタントをやっており、元々知り合いだった現ロジム塾長の苅野から一本の電話を受けました。

「野村君、いっしょに会社つくらない？　なんか面白いことやろうよ」

突拍子もなく、そして魅力的な連絡にいても立ってもいられなくなり、気づけば会社の食事を途中で抜け出し、苅野と須田（ロジム創設メンバー。都内でインターナショナルプリスクールを当時経営）がいた場所へと向かっていました。

自分たちができること、自分たちが興味のあること、自分たちが必要だと感じることを話し合いました。若い世代の「考える力」、大げさにいえば「生きる力」を伸長するという事業の幹はすぐにできあがりました。そして、ロジカルシンキングを土台とした新しい教育プログラムをつくることになりました。

知り合いの大学教授や出版社の方に協力していただきながら、教室の場所やカリキュラムを考え、2005年2月にロジムは門前仲町にて産声をあげました。堀講師の向井が加わり、現在の先生・スタッフが集まり紆余曲折を経ながらも今日のロジムになりました。

設立当初ロジムが掲げた「自立した社会人の育成」という目標はもちろん今も変わりません。そして、その実現のためには、まだまだやるべきことは多いと思っています。小学生の学習環境は正直「何かがおかしい」ことだらけです。

ロジムだけでは力が足りません。周囲の雑音にめげそうになっている小学生が、自分で考え行動する楽しみを見つける手助けを、ぜひ一緒にやりましょう。これまでも、業界と連携した産学協同のプログラム実施、小中高校とのカリキュラム開発アドバイスや出前授業、大学の教育学研究者との意見交換等を行なっています。私達は、未来の人づくりのために同じ思いを持つ方と一緒に考え、実行することを望んでいます。

最後になりますが、本書をつくるにあたり、貴重な機会を与えてくださった中経出版の龍川優さんに御礼申し上げたいと思います。また、ロジム運営に協力していただいている多くの方、そして日々ロジムにご理解いただき温かい目でロジムを見守ってくださる保護者の皆様にも感謝の気持ちを捧げたいと思います。卒業生も含め通塾している生徒の皆さん、だれよりも皆さんに感謝したいと思います。ロジムのカリキュラムは皆さんの鋭い指摘で絶えず研磨されています。

二〇一一年九月

野村竜一

■学習塾ロジム　教室プロフィール

2004年4月設立の日本初の本格的なロジカルシンキングを取り入れた小学生向け学習塾。2005年2月、門前仲町教室、2009年2月代々木教室を開設。2010年9月オリジナル通信教材「まいにちロジム」スタート。受験で終わらない「将来に生きる学力」を養成する教室として、ロジカルシンキング、およびそれを基礎とした科目指導を行なう。

生徒全員が小学生向けのロジカルシンキングの授業を受講し、仮説設定により思考を進める方法、物事の整理分類をする方法、討議・発表を組み立てる方法等を学ぶ。

江東区立八名川小学校にて、ロジカルシンキング特設授業を担当。また、過去には日本女子大（生涯学習課）での小学生向けロジカルシンキング授業を担当するなど、外部の教育機関から教育指導の依頼も受ける。

■提供サービス

- ロジカルシンキング授業
- ロジカルシンキングを土台とした学科（国・算・理・社）授業
- 通信教材「まいにちロジム」
- カリキュラム企画／開発
- 出張授業・研修（小学校等の教育機関および各種法人）

■本書執筆補助（50音順）

岩沢 剛明（学習塾ロジム専任講師）
坂原 康弘（学習塾ロジム専任講師）
中川 孔明（学習塾ロジム専任講師）
向井 広樹（学習塾ロジム専任講師）

〔著者紹介〕

苅野　進（かりの　しん）

塾長　兼　講師　兼　代表取締役

早稲田中学・高校、東京大学文学部卒。大学卒業後は人事・経営戦略コンサルティング会社において社会人向けのロジカルシンキング講座などを担当。「論理的思考」をビジネススキルとしてではなく、社会性を支える基本能力として身につける必要性を強く意識し、小学生向けのロジカルシンキング講座とそれに基づく主要科目の指導を行なう学習塾ロジムを2004年に設立。

野村竜一（のむら　りゅういち）

事務局長　兼　講師　兼　代表取締役

東京大学教養学部卒。在学中カリフォルニア州立大学（UCSB）へ派遣交換留学。卒業後、放送局、通信系企業社長室、戦略コンサルティング会社を経て学習塾ロジムを設立。「中学受験は小学生が知識や思考法を得る上でとても貴重な経験。しかしそれへの指導が“楽しく、そして将来に生きる学力を得ること”を想定されていない」という問題意識と想いを出発点にロジカルシンキングカリキュラム開発および講師を担当。兼、教室運営事務局長。

本書の内容に関するお問い合わせ先
中経出版編集部　03(3262)2124

頭のいい子が育つロジカルシンキングの習慣 (検印省略)

2011年9月25日　第1刷発行

著　者　苅野　進（かりの　しん）・野村　竜一（のむら　りゅういち）

発行者　安部　毅一

発行所　㈱中経出版　〒102-0083
東京都千代田区麹町3の2 相互麹町第一ビル
電話 03(3262)0371（営業代表）
03(3262)2124（編集代表）
FAX 03(3262)6855　振替 00110-7-86836
ホームページ　http://www.chukei.co.jp/

乱丁本・落丁本はお取替え致します。
DTP／マッドハウス　印刷／恵友社　製本／三森製本所

ISBN978-4-8061-4057-3　C2037